大手・人気企業突破 SPI3 問題集《完全版》

SPI3対策研究所

はじめに

いま、日本では、少子高齢化が進み、経済の担い手となるべき生産年齢人口が絶対数、比率ともに低下し続けている。また、長時間労働を是とする思想はとっくに姿を消し、政府の旗振りによる働き方改革も実体を見せつつある。経済規模を維持するためには、少ない労働人口が、少ない労働時間で、これまで以上の成果を出す必要があるのに、私たちの生活は、アジア製の端末で、アメリカが主導する情報サービスにアクセスする日々だ。どこに打開策があるのか、容易に見いだせない。

そんな状況下で、今後の長い時間を社会人、経済人として生き抜かなければならない就職活動生にとって、もっとも必要なのは何か。

月並みだが、それは個人の力である。いつでも、どこでも通用する、本物の能力。どんな企業にでも、どんな社会にでも対応できる個人の力を磨くしかない。

本書は、小手先の SPI 技術を概観するものではない。読者が自立した経済人として社会に踏み出す、そのための基礎的な能力を最大限に引き出すことが目的である。

問題に直面したとき、知識と思考力を駆使して最適解を導く。これは、SPI で高得点を残すためだけでなく、社会を生き抜く上で必要不可欠な能力である。逆にいえば、SPI のスコアは、そういう能力を指標化したものである。受験知識ではなく、将来にわたって通用する能力を問うのが SPI だ。

SPI で高得点を目指す人が能力を最大限に発揮するために、私たちが用意した最適解が本書である。ぜひとも挑戦していただきたい。

著　者

目　次

編集協力：アローグ・プランニングス　本文デザイン：杉山美紀

SPIとは

SPIとは、人材採用にあたっての選考資料となる総合適性検査のことです。年間1万社以上が採用し、200万人程度が受検しています。現在はSPI3が使われています。

SPIの種類

SPIには大きく4つの検査と4つの方式があります。

検査の内容による分類は以下の通りです。

基礎能力検査	語彙力・読解力などを試す「言語能力検査」と、計算力・思考力などを試す「非言語能力検査」がある。たんにSPIといえば、基本的にこれを指す。
性格検査	受検者の性格を分析する。
構造的把握力検査	物事の背後にある共通性や関係性を読み解く能力を試す検査。受検するかどうかは企業によって異なる。
英語能力検査	英語能力を試す検査だが、導入している企業はあまりない。

方式による分類は以下の通りです。

テストセンター	主催者が指定する会場で好きな時間に予約し、パソコンで受検する方式。
Webテスティングサービス	自宅など好きなところで、インターネットに接続されたパソコンで受検する方式。
インハウスCBT	志望企業などでパソコンで受検する方式。面接と同日に受検できるメリットがある。
ペーパーテスティング	決められた会場でマークシート方式で受検する方式。一度に多数が受検できるメリットがある。

SPI 受検の流れ

ここではテストセンターを例にとって説明します。

志望企業にエントリーすると、テストセンター SPI を受検するように指示されます。そして、予約用ウェブサイトのアドレスが送られてくるので、それに従って予約します。

受検日までに性格検査だけは終えておきます。時間は 30 分程度で、自宅のパソコン、スマートフォンなどで受検できます。

受検当日は、予約時間に合わせて会場に行き、係員の指示に従って受検します。免許証、学生証などでの本人確認が厳格化されており、身分を証明するものがないと受検できないこともあります。

① エントリー	志望企業にエントリーすると、テストセンター SPI を受検するよう指示されるので、ウェブサイトから予約する。
② 性格検査の受検	予約した日までに行う。
③ ②以外の受検当日	忘れ物・遅刻は厳禁。筆記用具、計算用紙なども現地で支給される。
④ 受検後	問題はパソコンに表示されるだけで、計算用紙も回収されるため、自己採点は不可能。通過すれば、次の案内が志望企業から来る。

テストセンターの結果の再利用

就職活動では複数社を受けるのが一般的ですが、テストセンターでは、受検結果を使い回せます。このシステムをうまく使えば、就職活動の効率がグッと上がります。

例えば A 社と B 社を受けるとき、A 社でテストセンターを課された場合は、A 社の結果を次の B 社にも提出できます。もちろん、B 社のときに改めて受検することもできます。

ただし、再利用できるのは最新の結果のみ。上の例では、B 社のときの結果は A 社で使えません。また、B 社を目指して受けたが、出来に自信がないので A 社の結果を使うということもできません。

また、前記の通り、問題も解答も持ち帰れないため、自己採点はほぼ不可能。自信があっても解答方法を間違えていた、という場合があるかもしれません。そういうときは自己責任なので、注意しましょう。

SPIの特徴と対策

苦手分野をなくす！

ここではテストセンターを念頭に説明します。

なんといっても対策の基本は、苦手分野を放置しないこと。基礎能力検査は、非言語で大問8問（小問25問）程度、言語で大問5問（小問20問）程度です。これらがランダムに出題されます。

さらに、1分野・1問とは限らず、同じ分野から2、3問出題されることもあります。

とくにテストセンターは、受検者によって問題が異なるという特徴もあります。最初の数問でよい成績を残すと、問題はどんどん難しくなっていきます（正答率の低い問題が優先して出るようになる）。難しい分野というのはある程度は限られているので、同じ分野から出題される可能性が高いのです。

そのため、苦手分野をそのままにしておいたら、本番の半分以上の問題がその分野から出題された、ということもありえます。

どの分野もまんべんなく得点できるようにしておかないと、本番で痛い目をみるかもしれません。

スピーディーに解く！

また、テストセンターでは問題ごとに制限時間があることにも注意が必要です。例えば非言語では、1つの大問から複数の小問が出題されることが多いのですが、各大問には制限時間があります。これを過ぎると、もうその問題は解答できません（小問には制限時間がないので、大問の制限時間内で小問を行き来することは可能）。

そのため、じっくり正確に解く、という方針だと高得点は難しいのです。そもそもテストセンターの受検時間は35分ほど。この時間内に言語・非言語あわせて45問ほど解答しなければなりません。1問解くのに1分もかけられないのが現状です。

そのため、対策を立てる段階から、解答時間の短縮に努めるべきです。スピーディに確実に、というのが対策の基本です。

1章
非言語 - 推論問題

論理的関係

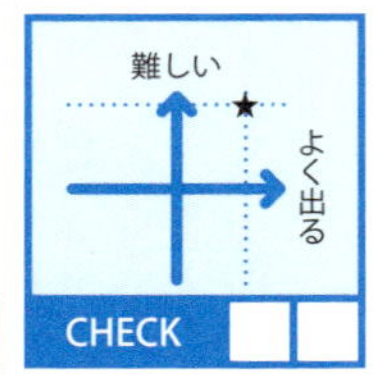

✓ テストセンター ✓ ペーパーテスティング ✓ WEBテスティング

CHECK

例題 ▶こんな問題が出る！

ある事件の犯人に関する情報として、次のa〜cがある。

a. 犯人は30代であり、女性ではない。
b. 犯人は男性である。
c. 犯人は20代ではない。

これらの情報の論理的関係として正しいものをすべて選びなさい。

A aが正しければbは必ず正しい。
B aが正しければcは必ず正しい。
C bが正しければaは必ず正しい。
D bが正しければcは必ず正しい。
E cが正しければaは必ず正しい。
F cが正しければbは必ず正しい。

眼点

aが正しいとき、犯人の年齢は？　性別は？

たった1分で解く

aとbの関係からみていこう。aが正しければ犯人は女性ではない。すなわち男性である。それ以外の可能性はない。したがって、aが正しければbは必ず正しい。逆に、bが正しいからといって、aは正しいとは限らない。犯人が20代の男性の場合、bは正しいがaは誤りである。

次にaとcの関係について。aが正しければ、cは必ず正しいといえる。しかし、cが正しいとき、aが正しいとはいえない。犯人が40代のときなどがありうる。

最後にbとcの関係について。これらは互いに関係する情報がまったくないので、論理的には無関係といえる。どちらが正しくても、もう一方の情報の正しさを保証することはできない。
したがって、確実にいえるのはAとBのみである。

解答　A　B

Point！

最近になって登場した分野である。法科大学院適性試験など他の知能検査ではよく問われる形式で、SPIにも出題されるようになった。

解答の最大のポイントは、反例を見つけられるかどうか。例えば犯人が40代の男性であったときは、例題の選択肢Eの反例になる。反例が存在するということは、その主張は誤りということだから、選択肢Eは外せる。

LEVEL1 基本問題クリア！

合格圏 4 問中 3 問正解

CHECK □□□

練習問題

▶ 解答・解説は別冊 2 ページ

1 五十円硬貨、百円硬貨、五百円硬貨がそれぞれ 3 枚ずつある。これらをすべて袋の中に入れた。

【1】 制限時間：1 分

無作為に 4 枚取り出した。次のア～ウのうち、総額としてありえないものを選びなさい。

ア . 500 円より小さい額である。
イ . 700 円である。
ウ . 900 円である。

A アのみ　B イのみ　C ウのみ　D アとイ
E イとウ　F アとウ　G アとイとウ

【2】 制限時間：1 分

無作為に 4 枚取り出したら、五十円硬貨が少なくとも 2 枚あった。次のア～ウのうち、総額としてありえないものを選びなさい。

ア . 1200 円以上である。
イ . 290 円以下である。
ウ . 350 円である。

A アのみ　B イのみ　C ウのみ　D アとイ
E イとウ　F アとウ　G アとイとウ

【2】のヒント ▶▶▶ 五十円硬貨の枚数として考えられる可能性は？

2 P、Q、R、Sの4人が、2～9の8つのうちのいずれか1つの数字が書かれたカードを2枚ずつ持っている。このとき、次のことがわかっている。

- Pは偶数のカードを持っていない。
- Qが持っているのは3の倍数のカードのみである。
- Rは2、Sは5のカードを持っている。

【1】 制限時間：3分

7のカードを持っている可能性がある者をすべて選びなさい。

A P　**B** Q　**C** R　**D** S

【2】 制限時間：4分

全員のカードの組み合わせを決められるものをすべて選びなさい。

ア．Pのカードの和とRのカードの和を足すと16になる。
イ．Sのカードの和はQの持っているカードのうちの1枚と等しい。
ウ．Pのカードの和はSのカードの和と等しい。

A アのみ　**B** イのみ　**C** ウのみ　**D** アとイ
E イとウ　**F** アとウ　**G** アとイとウ

【1】のヒント ▶▶▶ P、Qのどちらも持つ可能性のあるカードは？

LEVEL2 大手・難関突破！

合格圏 3 問中 2 問正解

CHECK □□□

練習問題

▶ 解答・解説は別冊 3 ページ

3 ある大学では駅からキャンパスまでを結ぶバス路線がある。あるときの運行状況は次の通りであった。

- 第 1 便から第 4 便までに 172 人が利用した。
- 第 3 便を利用した学生は 54 人であった。
- 第 1 便を利用した学生は 34 人で、これがもっとも少なかった。
- 異なる便で同じ人数の学生が利用したことはなかった。

【1】 制限時間：3 分

次のア、イについて正しく述べたものを選びなさい。

ア . 第 1 便と第 2 便の人数の差は 10 人より少ない。
イ . 第 3 便の利用者数がもっとも多い。

A　アもイも正しい。
B　アは正しいがイはどちらともいえない。
C　アは正しいがイは誤り。
D　アはどちらともいえないがイは正しい。
E　アもイもどちらともいえない。
F　アはどちらともいえないがイは誤り。
G　アは誤りだがイは正しい。
H　アは誤りだがイはどちらともいえない。
I　アもイも誤り。

【1】のヒント ▶▶▶「どちらともいえない」とは、正しい場合も正しくない場合もあるということ。

【2】 制限時間：3分

次のア、イについて正しく述べたものを選びなさい。

ア．第2便と第4便の人数の差は偶数である。
イ．第3便と第4便の人数の差は奇数である。

A　アもイも正しい。
B　アは正しいがイはどちらともいえない。
C　アは正しいがイは誤り。
D　アはどちらともいえないがイは正しい。
E　アもイもどちらともいえない。
F　アはどちらともいえないがイは誤り。
G　アは誤りだがイは正しい。
H　アは誤りだがイはどちらともいえない。
I　アもイも誤り。

【3】 制限時間：4分

次のア、イについて正しく述べたものを選びなさい（選択肢は前問と同じ）。

ア．第1便と第2便の人数の差が奇数であれば、第3便と第4便の人数の差は偶数である。
イ．第2便の利用者が40人以下であれば、第3便と第4便の人数の差は10人以上である。

【2】のヒント ▶▶▶ 偶数 − 偶数 = ？　奇数 − 奇数 = ？　偶数 − 奇数 = ？

2 順位関係

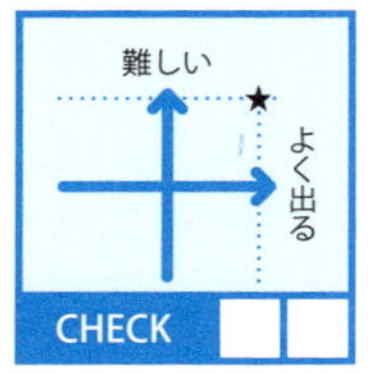

✓ テストセンター　✓ ペーパーテスティング　✓ WEBテスティング

例題 ▶こんな問題が出る！

P、Q、R、S、T、Uの6人が1500m走をして、次の結果を得た。

- RはPより速かった。
- Tより後にゴールした者が少なくとも2人いる。
- Sの順位はUの3つ後である。
- Pの順位はQの2つ前である。

次のア、イのうち、つねに誤っているものを選びなさい。

ア．Pが3位である。
イ．Tが1位である。

A　アのみ　　B　イのみ　　C　アとイ　　D　どちらもありうる

眼点

情報量がもっとも多いものを中心に考えると、時間のロスが減る

たった1分で解く

情報量の多いものから整理していくのが基本。Pに関する情報が2つあるので、これを基準にして考える。
1つ目の条件より、Pは1位ではない。また4つ目の条件より、5位以下でもない。したがって、Pの順位は2～4位のいずれかである。
Pが2位のときは、R－P－○－Q－○－○となり、2つ目・3つ目の条件が満たせない。
Pが3位のときは、○－○－P－○－Q－○となるが、これも2つ目・3つ目の条件が満たせない。
Pが4位のときは、○－○－○－P－○－Qとなるが、R－U－T－P－S－QもしくはT－U－R－P－S－Qの順位なら条件を満たせる。したがって、この2つのうちのいずれかである。

これをもとに選択肢をみると、Pは4位の可能性しかないので、アはつねに誤り。一方でイは、Tは1位と3位の可能性があるので、つねに誤りとはいえない。
したがって、正解はAである。

A　アのみ

Point！

本問でもうひとつ考えられる方針として、SとUが何位だったかという視点もある。U：Sは1位：4位、2位：5位、3位：6位のいずれかの組み合わせしかなく、こちらから考えても正解にたどり着ける。

LEVEL1 基本問題クリア！

合格圏 4 問中 4 問正解

CHECK □□□

練習問題

▶ 解答・解説は別冊 4 ページ

1 V、W、X、Y、Z の 5 人がいる。年齢と身長に上から順位をつけると、年齢は V が 1 位、W が 2 位、X が 3 位、Y が 4 位、Z が 5 位である。身長については次のことがわかっている。

- 同じ身長の者はいない。
- 身長の順位が年齢と同じ者はおらず、3 つ以上順位が上下した者もいない。
- X の順位は Z より 2 つ上だった。

【1】 制限時間：3 分

次のア〜ウのうち、身長の順位として、必ず正しいといえるものはどれか。

ア . W は 1 位もしくは 4 位である。
イ . V は 2 位でしかありえない。
ウ . Y は 5 位でしかありえない。

A アのみ　B イのみ　C ウのみ　D アとイ
E イとウ　F アとウ　G アとイとウ

【2】 制限時間：3 分

身長の順位が V よりも上になる可能性がある者をすべて選びなさい。

A W　B X　C Y　D Z

1 のヒント ▶▶▶ X と Z をセットにして考える。

2 A、B、C、Dの4人の中学生が、ア、イ、ウ、エ、オ、カの6か国について面積の大小を調べよという課題を出された。しかし、4人は全員この課題を忘れており、次の授業のときに以下の発言をしたが、誰のどの部分をとっても正しくなかった。

A 「ア国がもっとも大きく、カ国は2番目か3番目に大きかったと思います」
B 「イ国はオ国より大きく、3番目以内だったと思います」
C 「もっとも大きかったのはウ国かエ国で、もっとも小さかったのはイ国かオ国だったと思います」
D 「ウ国はア国より大きかったのですが、オ国よりは小さかったと思います」

【1】 制限時間：3分
正しい順番において、面積がもっとも大きかった国を選びなさい。

A ア国　B イ国　C ウ国　D エ国
E オ国　F カ国　G 決定できない

【2】 制限時間：3分
正しい順番において、面積が4番目に大きかった国を選びなさい。

A ア国　B イ国　C ウ国　D エ国
E オ国　F カ国　G 決定できない

2 のヒント ▶▶▶ 情報量がもっとも多いのはCではなくDの発言である。

LEVEL2 大手・難関突破！

合格圏 4 問中 3 問正解

CHECK □□□

練習問題

▶ 解答・解説は別冊 5 ページ

3 大相撲の新弟子検査が行われ、P、Q、R、S、T の 5 人が参加した。検査には基準となる身長がある。このとき、次のことがわかっている。

- P は基準身長より 12cm 高かった。
- Q は R より 6cm 低く、T より 4cm 高かった。
- S は R より 14cm 低かった。
- P は T より 18cm 高かった。

【1】 制限時間：3 分

次のア～ウのうち、正しいものはどれか。

ア．身長がもっとも高いのは P である。
イ．身長がもっとも低いのは T である。
ウ．基準身長と同じ身長の者がいる。

A アのみ　**B** イのみ　**C** ウのみ　**D** アとイ
E イとウ　**F** アとウ　**G** アとイとウ

【2】 制限時間：2 分

P と R の身長差はいくらか。

A 4cm　**B** 6cm　**C** 8cm　**D** 10cm
E 12cm　**F** 14cm　**G** 16cm

3 のヒント ▶▶▶ それぞれの身長を、基準身長からの数式で表す。

4 ある高校のバスケットボール部員 10 人が 5 人ずつ赤組と白組に分かれて紅白戦を行った。それぞれの個人得点について、各部員が次のように話している。
なお、個人得点は赤組がすべて奇数、白組はすべて偶数で、個人得点が同じ者はいなかった。

P 「ぼくは W より 2 点多かった」
Q 「ぼくは R より 1 点多かった」
R 「ぼくは P より 3 点多かった」
S 「ぼくは Q より 2 点多かった」
T 「ぼくは S より 5 点多かった」
U 「ぼくは P より 10 点多かった」
V 「X はぼくより 6 点多かった」
W 「ぼくの 2 倍の点を取った者が最多得点である」
X 「あと 4 点取っていれば、最多得点に並んだ」
Y 「V はぼくより多く点を取ったが、ぼくは最少得点ではない」

【1】 制限時間：5 分

赤組だった部員をすべて選びなさい。

A P　**B** Q　**C** R　**D** S　**E** T
F U　**G** V　**H** W　**I** X　**J** Y

【2】 制限時間：3 分

勝利チームと点差の組み合わせとして正しいものを選びなさい。

A 赤組・3 点差　**B** 赤組・5 点差　**C** 赤組・7 点差
D 白組・3 点差　**E** 白組・5 点差　**F** 白組・7 点差

4 のヒント ▶▶▶ 最少得点の部員はすぐ見つかる。その部員と最多得点の部員との得点差は？

3 位置関係

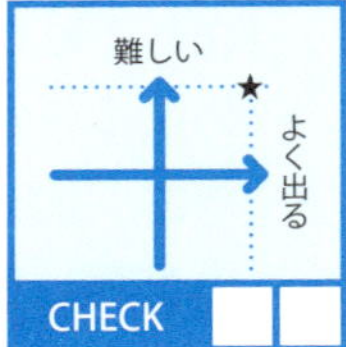

✓ テストセンター ✓ ペーパーテスティング ✓ WEBテスティング

例題 ▶ こんな問題が出る！

下図の3階建てのアパートにP、Q、R、S、T、Uの6人が住んでいる（各階に1部屋ずつ空室があり、その部屋番号の1の位はすべて異なる。）。このとき、次のことがわかっている。

- Pの右隣、Qの隣、Tの真上は空室である。
- SはPの真下に住んでいる。
- RとUは部屋番号の1の位が同じである。
- Tは1階ではない。

301	302	303
201	202	203
101	102	103

次のア、イのうち、正しい可能性があるものを選びなさい。

ア．RはQの隣に住んでいる。
イ．UはSの隣に住んでいる。

A アのみ　**B** イのみ　**C** アとイ　**D** どちらも誤り

着眼点

場合分けを使えばだいたい解ける

たった1分で解く

タテに並ぶ2人を考える。S・P、R・Uの2組は条件からわかるため、残りのT・Qも確定。さらにT・Qは、Tは1階ではなく、さらに真上が空室なので、Tが2階、Qが1階で確定。これにより、S・Pが1・2階だと空室を含めたときに矛盾する。
したがって、S・Pは2・3階で確定。

P	空	R/U
S	T	空
空	Q	R/U

R/U	P	空
空	S	T
R/U	空	Q

ここでPは右隣が空室なので、301か302。
301のときは、TとQがタテに並ぶこと、Qの隣が空室であることから、上図の通り。302のときは下図の通り。
これらの2種類があり、どちらもRとUは互いに入れ替え可能なので、全部で4通りが考えられる。
これをもとに選択肢を検討すると、アは上図のRとUが入れ替わったときに適合するため、正しい可能性がある。
一方で、イはどの場合にもUがSの隣になることはないため、誤り。
したがって、アのみが正しい可能性がある。

解答　**A**　アのみ

Point！

例題に示したのはタテとヨコの2つの方向軸がある二次元の問題であり、これが位置関係のもっともオーソドックスな出題形式だ。ときどき、一列に並んだ位置関係の問題も出されるが、これは順位関係の問題と同じ方法論で解ける。どちらも順序を決める問題なので、共通項は多い。

LEVEL1 基本問題クリア！

合格圏 4 問中 4 問正解

CHECK □□□

練習問題

▶ 解答・解説は別冊 6 ページ

1 P、Q、R、S、T、U、V、W の 8 人の学生が北を向いて 2 列で（各列 4 人ずつ）並んでいる（東側の列を東列、西側の列を西列とよぶ）。このとき、次のことがわかっている。

- Q は西列で、2 人前は R である。
- S と W はそれぞれ異なる列の先頭である。
- U の隣には V がいる。

【1】 制限時間：3 分

前から 2 番目にいる可能性のある者をすべて選びなさい。

A P　**B** Q　**C** R　**D** T　**E** U　**F** V

【2】 制限時間：3 分

次のア～ウのうち、もっとも少ない条件で全員の場所を決定できるものを選びなさい。

ア . R の前は W、R の隣は P である。
イ . U の前は P、U の後ろは T である。
ウ . W の後ろは T、T の後ろは V である。

A アのみ　**B** イのみ　**C** ウのみ　**D** アとイ
E イとウ　**F** アとウ　**G** アとイとウ

【1】のヒント ▶▶▶ 場所が確定しているのは Q と R のみ。

2 ある中学校の校舎の 3 階には理科室、音楽室、美術室、図書室の 4 つの教室があり、東西方向に並んでいて、次のことがわかっている。

- 理科室は端にある。
- 音楽室は端ではない。
- 美術室は東の端ではない。
- 美術室と図書室は隣り合っている。

【1】 制限時間：3 分

図書室の場所として考えられるものを、下の A ～ D の中からすべて選びなさい。

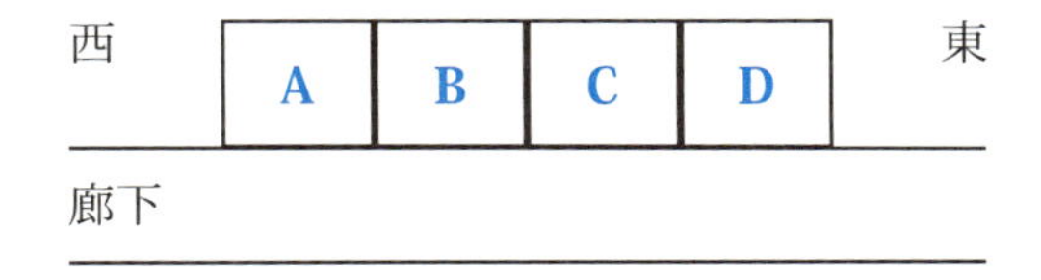

【2】 制限時間：1 分

次のア～ウのうち、正しい可能性があるものはどれか。

ア . 理科室と美術室は隣り合っている。
イ . 音楽室と図書室は隣り合っている。
ウ . 図書室と理科室は隣り合っている。

A	アのみ	B	イのみ	C	ウのみ	D	アとイ
E	イとウ	F	アとウ	G	アとイとウ		

【1】のヒント ▸▸▸ とっかかりは音楽室の場所として考えられる所。

LEVEL2 大手・難関突破!

合格圏 4 問中 4 問正解

CHECK □□□

練習問題

▶ 解答・解説は別冊 7 ページ

3 K 市のある街では、病院の真北 2㎞の地点に映画館がある。また図書館の真西に市役所があるが、この市役所がある場所は、病院と映画館のちょうど中間点である。また、図書館の北西に文化会館があり、図書館の真南 1㎞の地点に P の家がある。さらに、図書館と P の家の距離は、図書館と市役所の距離に等しい。
なお「北」というとき、北西・真北・北東のすべての可能性を含む。他の方位も同様である。

【1】 制限時間：3 分

文化会館の位置について述べたものとして、正しい可能性のあるものをすべて選びなさい。

A　P の家から見て真北にある。
B　映画館から見て南東にある。
C　映画館から見て北西にある。
D　市役所から見て北東にある。
E　病院から見て南西にある。

【2】 制限時間：2 分

P はある朝、自宅を出て、まず真北へ 1㎞進んでから、西へ向かった。P が向かったと考えられる先をすべて選びなさい。ただし、真北 1㎞先から遠回りはしていない。

A　病院　　B　映画館　　C　図書館
D　市役所　　E　文化会館

【1】のヒント ▶▶▶ 文化会館には距離の情報がない ＝ 条件に見合う線上のすべての場所に可能性がある。

4 ある大学には、1号館から6号館までの6つの建物があり、それぞれ上からみると次の位置関係にある。

- 1号館と6号館の距離は、4号館と6号館の距離より大きく、1号館と5号館の距離より小さい。
- 3号館は1号館の真東にあり、1号館と3号館、4号館と6号館、2号館と5号館の距離はそれぞれ等しい。
- 4号館は6号館の真東であり、1号館の真南である。
- 5号館は1号館の真西であり、2号館の真南である。

【1】 制限時間：3分

1号館からみて、もっとも近い可能性のある建物をすべて選びなさい。

A 2号館　B 3号館　C 4号館　D 5号館　E 6号館

【2】 制限時間：4分

次のア、イについて正しく述べたものを選びなさい。
なお、方位の表し方は八方位とする。

ア．1号館の北西に2号館がある。
イ．5号館の真南に6号館がある。

A アもイもつねに正しい。
B アはつねに正しいがイはどちらともいえない。
C アはつねに正しいがイはつねに誤り。
D アはどちらともいえないがイはつねに正しい。
E アもイもどちらともいえない。
F アはどちらともいえないがイはつねに誤り。
G アはつねに誤りだがイはつねに正しい。
H アはつねに誤りだがイはどちらともいえない。
I アもイもつねに誤り。

【1】のヒント ▶▶▶ 1号館を基準にしてそれぞれの場所を図示する。

4 勝敗関係

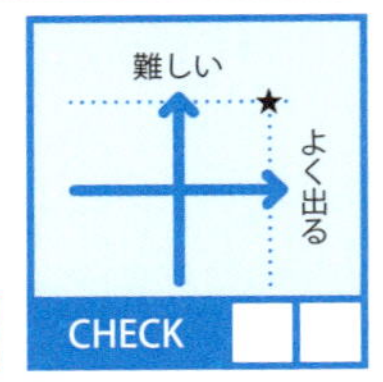

✓ テストセンター ✓ ペーパーテスティング ✓ WEBテスティング

例　題 ▶こんな問題が出る！

P、Q、R、S、Tの5チームでサッカーのリーグ戦を行った。このとき、次のことがわかっている。

- Q は P に勝ったが T に負けた。
- S は T に勝ったが R に負けた。
- R は P に勝った。
- 引き分けはなく、最終的に勝利数で並んだチームもなかった。

次のうち正しいものを選びなさい。

A　P は 1 勝だった。　**B**　Q は 4 位だった。　**C**　R は 2 位だった。
D　S は 4 位だった。　**E**　T は 1 勝だった。

眼点

「Q が P に勝った」ということは、
「P が Q に負けた」ということでもある

たった1分で解く

リーグ戦は右のような勝敗表が必須。これに書き込みながら情報を整理する。

問題文の条件からわかるところは黒字で示す。例えば「QはPに勝った」という情報は、裏返せば「PはQに負けた」ことでもあるので、該当する2か所に書き込む。

	P	Q	R	S	T	勝敗
P	＼	×	×	×	×	0勝4敗
Q	○	＼	×	×	×	1勝3敗
R	○	○	＼	○	○	4勝0敗
S	○	○	×	＼	○	3勝1敗
T	○	○	×	×	＼	2勝2敗

4つ目の情報で、各チームの勝利数は4勝、3勝、2勝、1勝、0勝となるはず。となると、4勝はこの時点で負けのないR、0勝はこの時点で勝ちのないPしか可能性がない。

これでTは2勝2敗が確定。3勝のチームが決まっていないが、この時点でSが2勝、Qが1勝なので3勝の可能性があるのはSのみ。これで表が完成する。

1位：R、2位：S、3位：T、4位：Q、5位：P

解答　**B**　Qは4位だった。

Point！

問題文で与えられる条件は、個別条件と総合条件に分けられる。例題の4つでは、上から3つが個別条件、最後が総合条件である。

そのときは、総合条件をどう使うかが鍵になる。

例題では、「勝利数で並んだチームはなかった」という部分から、1位は全勝、以下3勝、2勝、1勝、0勝の並びになる、ということに気づけるかどうかがポイント。個別条件はそのまま理解すればいいが、総合条件の本質を見抜くのは非常に重要だ。

LEVEL1 基本問題クリア！

合格圏 4 問中 3 問正解

CHECK □□□

練習問題

▶ 解答・解説は別冊 8 ～ 9 ページ

1 U、V、W、X、Y、Z の 6 チームで野球の総当たり戦を行ったところ、それぞれのチームは次のような状況だった時があることがわかった。なお、最終的に引き分けはなく、同順位もなかった。

- U は W に勝って 1 勝 1 敗である。
- V は 1 勝 1 敗である。
- W は 0 勝 2 敗である。
- X は V に勝って 2 勝 2 敗である。
- Y は X に負けて 1 勝 1 敗である。
- Z は 1 勝 0 敗である。

【1】 制限時間：3 分

最終的に 4 位だった可能性があるチームをすべて選びなさい。

A U　**B** V　**C** W　**D** X　**E** Y　**F** Z

【2】 制限時間：3 分

次のア～ウのうち、全員の対戦成績と順位を決められる条件はどれか。

ア . X は 3 勝している。
イ . Y は 2 勝している。
ウ . 4 敗したチームは V に勝った。

A アのみ　**B** イのみ　**C** ウのみ　**D** アとイ
E アとウ　**F** イとウ　**G** アとイとウ

【1】のヒント ▶▶▶ 条件の時点で全勝だった可能性のあるチームはどこか。

2 V、W、X、Y、Zの5チームでサッカーの総あたり戦を行ったところ、次の結果になった。なお、勝率は次のように決定する。

勝率（%）＝勝数÷（試合数－引き分け数）×100

- 引き分けは3試合あったが、Yのみ引き分けはなかった。
- Vの勝率は50%、Xの勝率は0%、Zの勝率は100%だった。
- XはWとだけ引き分けた。

【1】 制限時間：3分

次のア～ウのうち、つねに正しいものの組み合わせを選びなさい。

ア．ZはVに勝った。
イ．WはXに勝てなかった。
ウ．Yの勝率は75%だった。

A	アのみ	B	イのみ	C	ウのみ	D	アとイ
E	アとウ	F	イとウ	G	アとイとウ		

【2】 制限時間：4分

次のア～ウのうち、Wの最終成績となりうるものの組み合わせを選びなさい。

ア．Vと同順位。
イ．Xと同じ勝率。
ウ．Yと同じ負け数。

A	アのみ	B	イのみ	C	ウのみ	D	アとイ
E	アとウ	F	イとウ	G	アとイとウ		

【1】のヒント ▶▶▶ 引き分けの数が勝率に与える影響を考える。勝率100%でも全勝とは限らない。

LEVEL2 大手・難関突破！

合格圏 4 問中 3 問正解

CHECK □□□

練習問題

▶ 解答・解説は別冊 10 ページ

3 P、Q、R、S、T の 5 人が柔道の総あたり戦を行ったところ、次のような結果となった。なお、勝負がつかない場合は引き分けとなる。順位については、まず勝数の多い者が上位となり、勝数が並んだ場合は負数の少ない者が上位になる。勝数、負数とも同じ場合は同じ順位となる。

- P は全勝した。
- Q は R に勝ったが、S に勝てなかった。
- R は T に勝った。
- S は T に負けた。
- R は 3 位だったが、同じ順位だった者がもう 1 人いた。

【1】 制限時間：3 分

R の最終成績として正しいものを選びなさい。

A　2 勝 2 分　　B　2 勝 2 敗　　C　2 勝 1 分 1 敗
D　1 勝 3 分　　E　1 勝 2 分 1 敗　　F　1 勝 1 分 2 敗
G　1 勝 3 敗　　H　決定できない

【2】 制限時間：2 分

2 位だった可能性のある者をすべて選びなさい。

A　Q　　B　S　　C　T

3 のヒント ▶▶▶ Q は S に負けたか、引き分けだった。

【3】 制限時間：3分

次に述べたカ、キのうち、正しいものを選びなさい。

カ．QはTに勝てなかったとしたら、全体では最下位になる。
キ．SはQに勝てなかったとしても、全体で最下位にはならない。

A　カもキも正しい。
B　カは正しいがキはどちらともいえない。
C　カは正しいがキは誤り。
D　カはどちらともいえないがキは正しい。
E　カもキもどちらともいえない。
F　カはどちらともいえないがキは誤り。
G　カは誤りだがキは正しい。
H　カは誤りだがキはどちらともいえない。
I　カもキも誤り。

【4】 制限時間：3分

次のア〜ウのうち、全員の対戦成績と順位をもっとも少ない条件で決められるものはどれか。

ア．Tが2位だった。
イ．RとSが3位だった。
ウ．Qは1勝1分2敗だった。

A　アのみ　　B　イのみ　　C　ウのみ　　D　アとイ
E　アとウ　　F　イとウ　　G　アとイとウ

【4】のヒント ▶▶▶【2】の結果にそれぞれの条件をあてはめる。

5 対応関係

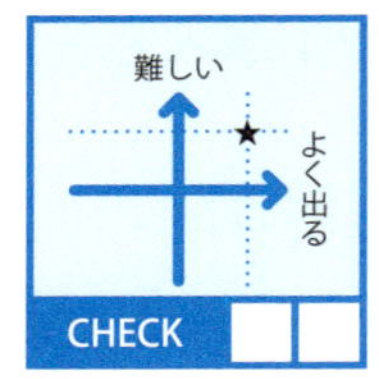

✓ テストセンター　✓ ペーパーテスティング　✓ WEBテスティング

例題 ▶こんな問題が出る！

W、X、Y、Zの4人は、それぞれ英語、数学、理科、社会のいずれかの教師である。このとき、担当科目について次のことがわかっている。

- Wは数学でも英語でもなく、Xは社会でも英語でもない。
- Yは理科でも数学でもなく、Zは社会でも数学でもない。

次のア～ウのうち、つねに正しいといえるものの組み合わせを選びなさい。

ア．Yが英語であれば、Wは社会である。
イ．Yが社会であれば、Zは英語である。
ウ．Wが理科であれば、Yは英語である。

A　アのみ　**B**　イのみ　**C**　ウのみ　**D**　アとイ
E　イとウ　**F**　アとウ　**G**　アとイとウ

眼点

対応表をつくって確認する！

たった1分で解く

右のような対応表をつくって考える。
繰り返すが、情報量の多いものから対応していくのが原則。人についての情報量はすべて同じだが、科目でみると数学ではない者がW・Y・Zの3人いる。したがって、数学はXである。
それ以外は決められないので、出題に即して考える。

	英	数	理	社
W	×	×		
X	×	○		×
Y		×	×	
Z		×		×

アは正しい。
Yが英語であれば、Zが理科に決まる。したがって、Wが社会になる。
イは正しい。
Yが社会であれば、Wが理科に決まる。したがって、Zが英語になる。
ウは誤り。
Wが理科であれば、Zは英語に決まる。したがって、Yは社会になる。

解 答　D　アとイ

Point !

対応表の書き込みにも注意が必要。本問の場合、Xが数学になることは比較的簡単にわかるはず。しかし、それによって他の3人が数学でなくなることにも、きちんと気づかなければならない。
対応表を仕上げるには、タテとヨコの関係につねに留意することが必要である。

LEVEL1 基本問題クリア！

合格圏 4 問中 3 問正解

CHECK □□□

練習問題

▶ 解答・解説は別冊 11 ページ

1 トランプの4種類のマークのカードがそれぞれ5枚（うち1枚はエース）、計 20 枚ある。これを W、X、Y、Z の 4 人に 5 枚ずつ配ったところ、それぞれ次のように話した。

W 「同じ種類が 4 枚ある。エースが 2 枚ある」
X 「ダイヤが 3 枚、スペードが 1 枚、他のマークが 1 枚ある」
Y 「ダイヤが 1 枚、クラブが 3 枚ある」
Z 「すべての種類のカードがある。エースが 1 枚ある」

【1】 制限時間：3 分

次のア～ウのうち、つねに正しいといえるものの組み合わせを選びなさい。

ア．ハートを持っている者は、スペードを持っている。
イ．スペードを持っている者は、ダイヤを持っている。
ウ．クラブを持っている者は、ダイヤを持っている。

A アのみ　**B** イのみ　**C** ウのみ　**D** アとイ
E イとウ　**F** アとウ　**G** アとイとウ

【2】 制限時間：2 分

ダイヤのエースを持っている可能性のある者をすべて選びなさい。

A W　**B** X　**C** Y　**D** Z

【2】のヒント ▶▶▶ ダイヤを持っていない者は、ダイヤのエースも持っていない。

【3】 制限時間：3分

次に述べたカ、キのうち、正しいものを選びなさい。

カ．W・X・Yのうち、エースを持っているのは2人である。
キ．W・Y・Zのうち、エースを持っているのは2人である。

A　カもキも正しい。
B　カは正しいがキはどちらともいえない。
C　カは正しいがキは誤りである。
D　カはどちらともいえないがキは正しい。
E　カもキもどちらともいえない。
F　カはどちらともいえないがキは誤りである。
G　カは誤りだがキは正しい。
H　カは誤りだがキはどちらともいえない。
I　カもキも誤り。

【4】 制限時間：3分

次のうち、誰がどの種類のエースを持っているのかを、すべて決定できるものを選びなさい。

A　Wがハートのエースを持っている。
B　Xがダイヤのエースを持っている。
C　Yがスペードのエースを持っている。
D　Zがクラブのエースを持っている。
E　A～Dのいずれも決定できない。

【3】のヒント▶▶▶確実にエースを持っているのは誰か。

合格圏 4 問中 2 問正解

CHECK

練習問題

▶ 解答・解説は別冊 12 ページ

2 P、Q、R、S の 4 人が○×方式の試験を受けた。この試験は 6 問あり、それぞれの解答と得点は下表の通りであった。

	各受験者の解答						得点
	第 1 問	第 2 問	第 3 問	第 4 問	第 5 問	第 6 問	
P	○	○	○	○	×	○	5 点
Q	×	○	×	○	×	×	4 点
R	×	×	○	○	×	○	3 点
S	×	○	×	○	×	○	

【1】 制限時間：3 分

次のア～ウのうち、つねに正しいといえるものを選びなさい。

ア．第 1 問の正解は○である。
イ．第 2 問の正解は×である。
ウ．第 3 問の正解は×である。

A アのみ　B イのみ　C ウのみ　D アとイ
E イとウ　F アとウ　G アとイとウ

【1】のヒント ▶▶▶ 得点から考えると P は 1 問しか間違えていないはずだが、それはどの問題か。

【2】 制限時間：2分

Rが間違えた可能性のある問題をすべて選びなさい。

A　第1問　　B　第2問　　C　第3問
D　第4問　　E　第5問　　F　第6問

【3】 制限時間：3分

Sの得点として考えられるものをすべて選びなさい。

A　1点　　B　2点　　C　3点
D　4点　　E　5点　　F　6点

【4】 制限時間：3分

次のア、イで正しく述べているものを選びなさい。

ア．Qが第2問を間違えており、Rは第3問を間違えている。
イ．Rが第3問を間違えており、Pは第6問を間違えている。

A　アもイも正しい。
B　アは正しいがイはどちらともいえない。
C　アは正しいがイは誤りである。
D　アはどちらともいえないがイは正しい。
E　アもイもどちらともいえない。
F　アはどちらともいえないがイは誤りである。
G　アは誤りだがイは正しい。
H　アは誤りだがイはどちらともいえない。
I　アもイも誤り。

【4】のヒント ▶▶▶ 前半も後半も成立する場合のみ、「正しい」といえる。

LEVEL2 -2 大手・難関突破！

合格圏 4 問中 2 問正解

CHECK

練習問題

▶ 解答・解説は別冊 13 ページ

3 P くんは、法学部に通う学生である。彼は月曜日から金曜日までの5日間で、憲法・民法・刑法・商法・行政法の5科目を1日3コマ、合計15コマ受講している。なお、それぞれの科目の受講数は、すべて週3コマであり、同じ日に同じ科目を受講することはない。
このとき、次のことがわかっている。

- 民法と商法は2日だけ同じ日に受講する。
- 憲法と刑法は2日だけ同じ日に受講する。
- 民法は1日おきに受講する。
- 憲法は3日連続で受講する。
- 行政法は3日連続で受講する。

【1】 制限時間：3分

金曜日に受講する可能性がある科目をすべて選びなさい。

A 憲法　　B 民法　　C 刑法
D 商法　　E 行政法

【2】 制限時間：3分

刑法を受講する可能性がある曜日をすべて選びなさい。

A 月曜日　　B 火曜日　　C 水曜日
D 木曜日　　E 金曜日

【1】のヒント ▶▶▶ 1日おきに受講する科目の曜日の組み合わせは1通りしかない。

【3】 制限時間：3分

次のア、イ、ウのうち、つねに正しいものの組み合わせを選びなさい。

ア．憲法を受講しない日はすべて行政法を受講する。
イ．商法を受講しない日はすべて憲法を受講する。
ウ．民法を受講しない日はすべて刑法を受講する。

A　アのみ　　B　イのみ　　C　ウのみ　　D　アとイ
E　イとウ　　F　アとウ　　G　アとイとウ

【4】 制限時間：3分

次のア、イについて正しく述べているものを選びなさい。

ア．憲法・刑法・行政法の3科目を受講する日がある。
イ．民法・商法・行政法の3科目を受講する日がある。

A　アもイも正しい。
B　アは正しいがイはどちらともいえない。
C　アは正しいがイは誤りである。
D　アはどちらともいえないがイは正しい。
E　アもイもどちらともいえない。
F　アはどちらともいえないがイは誤りである。
G　アは誤りだがイは正しい。
H　アは誤りだがイはどちらともいえない。
I　アもイは誤り。

【3】のヒント ▶▶▶「1日3コマ」という条件を忘れないで。

Column-1

人気企業でSPIを通過するのは上位1割？

前述の通り、テストセンターで受けるSPIは、受検者によって問題が異なります。これをIRT方式（Item Response Theory方式）といいますが、そこで、どのように成績をつけているのでしょうか。

これは極めて高度な統計学の理論を応用したものです。大まかにいえば、全国的な平均スコアを50点として、そこからどれだけ離れているかを測定して、スコアを算出しています。

この観点は偏差値の考え方に近いのですが、偏差値は全員が同じテストを受けることで成り立ちます。一方で、IRT方式には偏差値という概念がありません。となると、順位付けにも意味がないと思えそうですが、多くを正解するに越したことはありません。

SPIは、スコアに応じて受検者を1～7段階のグループに分類しています。1段階がもっとも低く、数字が大きくなるにつれて評価は上がります。

この段階ごとのシェアをみると、SPIの難しさがよくわかります。最高評価の7段階には、全受検者のわずか2.3%しかいません。次の6段階でも9.2%です。一般に、エントリーが数万件にのぼる人気企業では、5段階以下で足切りにあうといわれています。つまり、全受検者中、上位1～2割程度に入らないと、人気企業への就職は難しいということです。

受検結果は本人には知らされないので、自分のスコアを知ることはできません。とはいえ、人気企業の志望者にとっては、上位1割、できれば上位2%がSPI通過のひとつの目安になると理解しておきましょう。

2章
非言語 - 計算問題

6 割合・比率

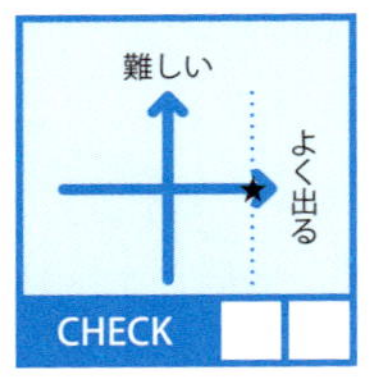

✓ テストセンター　✓ ペーパーテスティング　WEBテスティング

例題 ▶こんな問題が出る！

A社の内定者は160人おり、そのうち文系学部卒業生は60%である。

【1】

文系学部卒業生の24人が帰国子女である。文系学部卒業生のうち、帰国子女は何%か。

A　15%　　B　18%　　C　20%　　D　25%　　E　30%

【2】

内定者を60人追加したら内定者全体の、文系学部卒業生の割合は45%になった。追加した内定者のうち、文系学部卒業生は何%か。

A　5%　　B　8%　　C　10%　　D　15%　　E　18%

眼点

総数 x のうち条件を満たすPは y%

→Pの数＝ $x \times \frac{y}{100}$

たった1分で解く

【1】

文系学部卒業生の数は、$160 \times \frac{60}{100} = 96$ 人。
すなわち、96 人のうちの 24 人は何 % にあたるかを考えればいい。
したがって、$24 \div 96 = 0.25$。
25% が正解。

解　答　D　25%

【2】

問題文より、内定者の合計は $160 + 60 = 220$ 人。
そのうちの 45% が文系なので、人数は $220 \times \frac{45}{100} = 99$ 人。
もともとの内定者のうち文系なのは、前問より 96 人。
したがって、追加内定者のうち文系なのは $99 - 96 = 3$ 人。
追加したのは 60 人なので、割合にすると、$3 \div 60 = \frac{1}{20} = 0.05$。
したがって、5% となる。

解　答　A　5%

Point！

最近、非常によく出題されているジャンルであり、バリエーションも多いため、基本解法を正しく身につけておく必要がある。
また、百分率を用いた計算は、このジャンル以外にも数多く登場する。「着眼点」に示した公式はいつでも使えるようにしておきたい。

LEVEL1 基本問題クリア！

合格圏 6 問中 5 問正解

CHECK □□□

練習問題

▶ 解答・解説は別冊 14 ～ 15 ページ

1 男性 3500 人、女性 2500 人にアンケートを実施した。

【1】 制限時間：1 分

ある質問について、男性の 48%、女性の 72% が「はい」と答えた。これは対象者全体の何 % にあたるか。

A 50%　B 52%　C 55%　D 58%
E 60%　F 62%　G A ～ F のいずれでもない

【2】 制限時間：1 分

ある質問について、全体の 20% が「はい」と答えた。男性のうち「はい」と答えた人の割合が 15% だとすると、女性のうち「はい」と答えた人の割合は何 % か。

A 20%　B 22%　C 25%　D 27%
E 30%　F 32%　G A ～ F のいずれでもない

【3】 制限時間：1 分

ある質問について、全体の 39.5% が「はい」と答えた。女性で「はい」と答えたのが 830 人だとすると、「はい」と答えた人のうち男性は何 % か。もっとも近いものを選びなさい。

A 62%　B 65%　C 68%　D 72%
E 75%　F 78%　G 82%　H 85%

【3】のヒント ▶▶▶ 問われている内容に注意。「男性のうち『はい』と答えた割合」ではない。

2 今週、ある動物病院に、猫と犬が合わせて140匹来院した。このとき、次のことがわかっている。

- 犬が全体の80%（それ以外は猫）だった。
- 全体の40%がオスだった。
- 猫のメスは全体の5%だった。

【1】 制限時間：1分

猫のオスは何匹だったか。

A 21匹　B 24匹　C 26匹　D 30匹
E 32匹　F 35匹

【2】 制限時間：2分

来院した犬のうち、メスの割合はいくらか。もっとも近いものを選びなさい。

A 60%　B 63%　C 69%　D 72%
E 76%　F 80%

【3】 制限時間：3分

犬のメスと猫のメスでは、どちらがどれだけ多かったか。

A 犬のメスのほうが7匹多い。　B 犬のメスのほうが50匹多い。
C 犬のメスのほうが70匹多い。　D 犬のメスのほうが77匹多い。
E 猫のメスのほうが7匹多い。　F 猫のメスのほうが50匹多い。
G 猫のメスのほうが70匹多い。　H 猫のメスのほうが77匹多い。

2 **のヒント** ▶▶▶ 条件をもとに表をつくる。

LEVEL2 -1 大手・難関突破！

合格圏 6 問中 4 問正解
CHECK □□□

練習問題

▶ 解答・解説は別冊 15 ページ

3 P さんの家庭の 1 か月の支出を調査したところ、合計は 35 万円で、うち食費が 25%、家賃が 35%、公共料金が 12%、ローン返済額が 18%、その他が 10% であった。

【1】 制限時間：1 分

公共料金のうち、40% が電気代だった。電気代はいくらか。

A 12500 円　**B** 13200 円　**C** 14200 円　**D** 14600 円
E 15500 円　**F** 16800 円　**G** A ～ F のいずれでもない

【2】 制限時間：1 分

ローン返済額のうち、自動車ローンの返済額が 12600 円だった。ローン返済額に占める自動車ローン返済額の割合はいくらか。

A 12%　**B** 15%　**C** 18%　**D** 20%
E 23%　**F** 25%　**G** A ～ F のいずれでもない

【3】 制限時間：2 分

来月は旅行に行くことになっており、その費用 2 万円は食費を減らすことで捻出したい。食費を何 % 減らせば旅行費用を捻出できるか。もっとも近いものを選びなさい。

A 15%　**B** 18%　**C** 20%　**D** 23%
E 25%　**F** 28%　**G** 30%　**H** 33%

【3】のヒント ▶▶▶ 減少率を x として方程式をつくる。

4 あるイベントスペースで、絵画の展示即売会を開く。絵画のジャンルは水墨画、油彩画、水彩画である。

【1】 制限時間：2分

スペース全体の 2/9 に水墨画を、次に残りの 3/14 に油彩画を展示する。残りのスペースは全体のどれだけにあたるか。

A　1/6　　B　2/5　　C　4/9　　D　3/10
E　8/15　　F　11/18　　G　A～Fのいずれでもない

【2】 制限時間：3分

【1】で計算した残りのスペースに水墨画と水彩画を 5：3 の比率で展示する。このとき、全体のうち水彩画が展示される割合はいくらか。

A　5/12　　B　6/25　　C　8/33　　D　11/48
E　15/56　　F　21/62　　G　A～Fのいずれでもない

【3】 制限時間：3分

【2】のとき、水墨画が展示される割合は全体のうちいくらか。

A　7/20　　B　6/29　　C　7/32　　D　19/32
E　29/48　　F　32/65　　G　A～Fのいずれでもない

【3】のヒント ▶▶▶ 全体のうちから水墨画以外の展示スペースを引くほうが早い。

LEVEL2 -2 大手・難関突破！

練習問題

▶ 解答・解説は別冊 15 ～ 16 ページ

5 統計によると、ある地域には 6 歳未満の男児が 1495 人、女児が 1596 人いる。

【1】 制限時間：2 分

男児がいる世帯のうち、1 人いる世帯は 70%、2 人いる世帯は 30% であることがわかった。このとき、男児が 1 人いる世帯はいくらか。なお、男児が 3 人以上いる世帯はなかった。

A　620 世帯　　B　685 世帯　　C　725 世帯　　D　770 世帯
E　805 世帯　　F　845 世帯　　G　A ～ F のいずれでもない

【2】 制限時間：3 分

女児がいる世帯について、次のことがわかっている。このとき、女児が 2 人いる世帯は、女児がいる世帯のうちの何 % にあたるか。

- 女児が 1 人しかいない世帯は、女児がいる世帯のうちの 62.5% である。
- 女児が 3 人いる世帯は、2 人いる世帯に比べて 308 世帯少ない。
- 女児が 4 人以上いる世帯はない。

A　25%　　B　28.5%　　C　30%　　D　32.5%
E　36%　　F　38.5%　　G　A ～ F のいずれでもない

5 のヒント ▶▶▶ 1 人いる世帯の数を x、2 人いる世帯の数を y として方程式をつくる。

6 ある高校の吹奏楽部には、男子部員が 32 人、女子部員が 24 人いる。

【1】 制限時間：1分

女子のうち 75% が管楽器担当である。女子で管楽器を担当している部員は全体のうち何 % か。もっとも近いものを選びなさい。

A 18%	B 20%	C 24%	D 28%
E 30%	F 32%	G 35%	H 36%

【2】 制限時間：1分

新入生が 39 人入部したため、男子は全体の 60% になった。新入生のうち女子は何人か。

A 11 人	B 12 人	C 13 人	D 14 人
E 15 人	F 16 人	G 17 人	H 18 人

【3】 制限時間：3分

新入生を含めた全部員のうち、次の大会に出場できるのは 40% である。このうち男女の内訳が半々だとすると、男子部員全体のうち大会に出場できる部員は何 % か。もっとも近いものを選びなさい。

A 25%	B 28%	C 30%	D 33%
E 36%	F 38%	G 40%	H 42%

【2】のヒント ▶▶▶ 新入生総数 − 新入生男子 ＝ 新入生女子

速度・旅人算

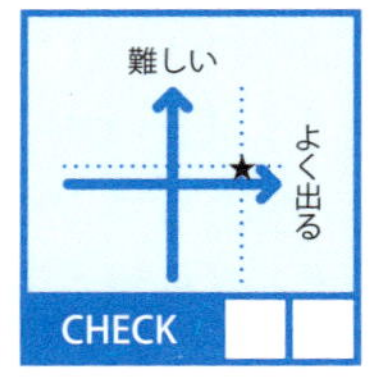

✓ テストセンター　✓ ペーパーテスティング　✓ WEBテスティング

例題-1 ▶こんな問題が出る！

ある物流会社の倉庫には、3.3km/時のベルトコンベアがある。

【1】

A地点でこのベルトコンベアに荷物を載せると、B地点に48秒後に着く。A・B間の距離は何mか。

A　32m　　B　36m　　C　40m　　D　44m
E　48m　　F　56m　　G　A～Fのいずれでもない

【2】

ベルトコンベアの横にはフォークリフトの走行通路がある。あるとき、C地点でベルトコンベアに荷物を載せた1分12秒後にフォークリフトがC地点を通過し、その22秒後に荷物に追いついた。フォークリフトの速度はいくらか。

A　10.5km/時　　B　11.3km/時　　C　11.8km/時
D　12.4km/時　　E　13.5km/時　　F　14.1km/時

眼点

速度 × 時間 ＝ 距離

たった1分で解く

速度の問題では、つねに単位を意識しなければならない。時速・分速・秒速、km・m の違いに必ず留意しておく。

3.3km/ 時は、分速では 3.3 × 1000 ÷ 60 ＝ 55m/ 分、秒速では 55 ÷ 60 ＝ $\frac{11}{12}$m/ 秒（時速÷ 60 ＝分速、分速÷ 60 ＝秒速）。

【1】

速度×時間＝距離。$\frac{11}{12}$m/ 秒なので、48 秒では $\frac{11}{12}$ × 48 ＝ 44 m

解　答　**D**　44m

【2】

ベルトコンベアの速度は $\frac{11}{12}$m/ 秒。

荷物は 1 分 12 秒（72 秒）では $\frac{11}{12}$ × 72 ＝ 66m 進んでいる。

この差を 22 秒でゼロにしたので、差は 1 秒あたり 66 ÷ 22 ＝ 3m 縮まっている。

すなわち、フォークリフトはベルトコンベアより 1 秒あたり 3m 速い。

したがって、フォークリフトは $\frac{11}{12}$ ＋ 3 ＝ $\frac{47}{12}$m / 秒。

時速に直すと、$\frac{47}{12}$ × 60 × 60 ÷ 1000 ＝ 14.1km/ 時。

解　答　**F**　14.1km/ 時

Point !

速度の問題は、「速度 × 時間＝距離」の公式さえ覚えておけば、あとは計算ですべて解け、得点しやすい分野だ。

例題【2】は旅人算、追いかけ算とよばれる分野で、SPI では定番のひとつ。この種の問題は、1 分（秒）あたりで距離がどれだけ縮まるか（離れるか）をつねに意識しておくことが重要。

例題 -2 ▶ こんな問題が出る！

下表は、あるバス路線のP、Q、Rの３つの停留所への到着時刻である。なお、PからQまでの距離は30km、PからRまでの平均速度は38.25km/ 時である。

P	10:05
Q	10:50
R	11:25

【1】
PからQまでの平均速度はいくらか。

A　30km/ 時　B　36km/ 時　C　40km/ 時　D　45km/ 時

【2】
QからRまでの距離はいくらか。

A　21km　B　24km　C　30km　D　32km

眼点

平均時速 ＝ 合計距離 ÷ 合計時間

たった1分で解く

【1】

距離÷時間＝速度。P・Q間の所要時間は45分なので、その間に30km進んでいるということは、$30 \div \frac{45}{60} = 40$km/時。

解　答　C　40km/時

【2】

P・R間は1時間20分かかっている。これだけの時間を38.25km/時で進むと、$38.25 \times 1\frac{1}{3} = 51$km進むことになる。

つまり、PからRまでの距離は51km。速度×時間＝距離。

そのうちP・Q間が30kmなので、Q・R間は51－30＝21kmである。

解　答　A　21km

Point！

最近のSPIでは、時刻表を使うこのような問題が多く出されている。62～63ページの駅伝の問題もこの一分野といえる。

これらは全体の距離がいくつかの区間に分けられており、それぞれに異なる速度で移動しているパターンがほとんど。そのような状況で平均速度を問う出題が多い。

このとき留意しておくべきなのは、平均速度は速度だけで算出してはいけないということ。例えば20km/時で1時間、30km/時で2時間移動したら、平均速度は（20＋30）÷2＝25km/時ではなく、3時間で（20×1）＋（30×2）＝80km移動したことをもって算出する。

したがって正解は、80km÷3時間≒26.7km/時。

LEVEL1 -1 基本問題クリア！

合格圏 6 問中 4 問正解

CHECK □□□

練習問題

▶ 解答・解説は別冊 17 ページ

1 P さんは自宅から職場まで 40 分かけて自動車で行き、職場から自転車で 1.8km 離れた取引先に向かった。
なお、自動車の速度は 42km/ 時、自転車の速度は 10.8km/ 時である。

【1】 制限時間：1 分

自宅から職場までの距離はいくらか。

A　28km　　B　30km　　C　32km　　D　34km
E　35km　　F　36km　　G　A ～ F のいずれでもない

【2】 制限時間：1 分

12 時 15 分に取引先に着くためには、自宅を何時何分に出発すればよいか。ただし職場で 15 分間留まるものとする。

A　11 時 00 分　　B　11 時 05 分　　C　11 時 10 分
D　11 時 20 分　　E　11 時 25 分　　F　A ～ E のいずれでもない

【3】 制限時間：2 分

10 時 10 分に取引先に着くつもりで職場を出発したが、途中で道を間違えて遠回りしたために、取引先に着いたのは 10 時 25 分になった。本来の距離よりどれだけ長く走ったか。

A　4.3km　　B　4.95km　　C　5.65km　　D　5.8km
E　6.3km　　F　6.75km　　G　A ～ F のいずれでもない

【3】のヒント ▶▶▶ 本来の移動時間より何分多く走ったか。

2 ある人が家から駅まで行くのに、3km/時で歩くといつもより20分多くかかり、4km/時で歩くといつもより15分早く着く。

【1】 制限時間：1分

家から駅までの距離はいくらか。

A 4.5km　B 4.8km　C 5.2km　D 5.5km
E 6.5km　F 7km　G A～Fのいずれでもない

【2】 制限時間：1分

いつもの速度はいくらか。

A 3.2km/時　B 3.3km/時　C 3.4km/時　D 3.5km/時
E 3.7km/時　F 3.8km/時　G A～Fのいずれでもない

3 次の問いに答えなさい。

【1】 制限時間：3分

Pが自宅、Pの兄が駅にいる。同時にPが徒歩で駅に、兄が自転車で自宅に向かった。途中で2人はすれ違い、Pはその28分後に駅に着き、兄はその7分後に自宅に着いた。2人がすれ違ったのは、出発してから何分後か。なお、Pも兄も一定の速度を保つものとする。

A 7分後　B 8分後　C 10分後　D 14分後
E 15分後　F 18分後　G A～Fのいずれでもない

3 のヒント ▶▶▶ 2人がすれ違った時間を出発の x 分後とする。

LEVEL1 -2 基本問題クリア！

合格圏 5 問中 3 問正解

CHECK □□□

練習問題

▶ 解答・解説は別冊 18 ページ

4 南北にのびる一直線の高速道路がある。この道路は、南端から北端まで 85km/ 時で走行して 11 時間かかる。

【1】 制限時間：3 分

南端から 75km/ 時で出発し、途中で 82km/ 時に速度を上げたところ、北端まで 12 時間かかった。82km/ 時で走ったのは何時間か。

A　4 時間　　B　4.5 時間　　C　4.75 時間　　D　5 時間
E　5.2 時間　　F　5.5 時間　　G　A ～ F のいずれでもない

【2】 制限時間：3 分

P は南端から 95km/ 時で北へ、Q は高速道路上のインターチェンジから 80km/ 時で南へ向かう。2 人は同時に出発してから 4 時間 12 分後にすれ違った。インターチェンジは北端から何 km 離れた地点にあるか。

A　126km　　B　145km　　C　156km　　D　175km
E　200km　　F　220km　　G　A ～ F のいずれでもない

【1】のヒント ▸▸▸ 82km/ 時で走った時間を x 時間とする。

5 下表は、あるバス路線の時刻表である。この路線を走るバスは、P・Q間を42km/時、Q・R間を33km/時で運行する。

P発	15:45
Q着	16:05
Q発	16:10
R着	16:50

【1】 制限時間：2分

15時57分に、バスはQからどれだけ離れた地点にあるか。

A 3.5km　B 3.8km　C 4.0km　D 4.2km
E 5.2km　F 5.6km　G A～Fのいずれでもない

【2】 制限時間：2分

QR間の距離は何kmか。

A 18.5km　B 19.2km　C 21.4km　D 22km
E 23.5km　F 24.8km　G A～Fのいずれでもない

【3】 制限時間：3分

このバスと同じルートを自動車で走る。Pを16時ちょうどに45km/時で出発したら、バスに追いつくのは何時何分か（秒単位は切り捨て）。

A 16時30分　B 16時34分　C 16時37分
D 16時40分　E 16時42分　F 16時45分
G A～Fのいずれでもない

【3】のヒント ▶▶▶ バスと自動車は1時間あたりどれだけ距離が縮まるか。

LEVEL2 -1 大手・難関突破！

練習問題

▶ 解答・解説は別冊 19 ページ

6 ある駅伝大会が行われ、P 大学陸上部が参加した。各区の距離と P 大学チームの通過タイムは次の通りである。なお、出走は 15 時ちょうどであった。また通過時刻とは、その区の走者が区間を走り終えて次の走者にたすきを繋いだ時刻である。

	通過時刻	区間距離
1 区	15:25	12km
2 区	16:05	15km
3 区	16:35	11km
4 区	17:00	8km
5 区	17:25	
6 区	17:55	11km
7 区		7km
8 区	18:40	11km
9 区	19:15	14km

【1】 制限時間：1 分

1 区から 3 区までの平均速度はいくらか。

A　20km/ 時　　B　21km/ 時　　C　22km/ 時
D　23km/ 時　　E　24km/ 時　　F　25km/ 時
G　A ～ F のいずれでもない

【1】のヒント ▶▶▶ 出走時刻の条件をきちんと確認する。

【2】 制限時間：2分

4区～5区の平均速度は21.6km/時であった。5区の区間距離はいくらか。

A 8km　B 9km　C 10km　D 11km
E 12km　F 13km　G A～Fのいずれでもない

【3】 制限時間：3分

7区の走者の平均速度は21km/時であった。このとき、7区の通過時刻は何時何分か。

A 18時10分　B 18時15分　C 18時20分
D 18時25分　E 18時30分　F A～Eのいずれでもない

【4】 制限時間：3分

17時15分から19時15分までの平均時速はいくらになるか。

A 21.4km/時　B 21.9km/時　C 22.4km/時
D 22.8km/時　E 23.5km/時　F A～Eのいずれでもない

【4】のヒント ▶▶▶ 17時15分の時点で、5区の走者は6区まであと何kmの地点にいるか。

LEVEL2 -2 大手・難関突破！

合格圏 6 問中 3 問正解

CHECK □□□

練習問題

▶ 解答・解説は別冊 19 ～ 20 ページ

7 今から自転車で目的地に向かうのに、18km/ 時で行くと 11 時ちょうどに着き、24km/ 時で行くと 10 時 20 分に着く。

【1】 制限時間：3 分

今は何時何分か。

A　8 時 20 分　　B　8 時 30 分　　C　8 時 45 分
D　9 時　　E　9 時 10 分　　F　9 時 18 分

【2】 制限時間：2 分

15km/ 時で行くと何時何分に着くか。

A　11 時 15 分　　B　11 時 18 分　　C　11 時 20 分
D　11 時 24 分　　E　11 時 32 分　　F　11 時 35 分

8 P、Q、R の 3 人が、1 周 2400m の楕円形のトラックを自転車で周回する。P は 200m/ 分、Q は 220m/ 分、R は 250m/ 分である。

【1】 制限時間：1 分

P と R が同時に同じ場所から同方向に向けて出発したとき、P が周回遅れになるのは何分後か。

A　35 分　　B　38 分　　C　45 分　　D　48 分
E　52 分　　F　58 分　　G　A ～ F のいずれでもない

7 のヒント ▶▶▶ 速度が 6km/ 時だけ上がると 40 分早く着く、という関係に注目。

【2】 制限時間：3分

Qがスタートし、その15分後にPが同じ場所から同じ方向にスタートした。Qが5周半したとき、QとPの差はいくらか。

A　300m　　B　360m　　C　450m　　D　500m
E　600m　　F　650m　　G　A～Fのいずれでもない

Pがスタートし、その18分後にRが同じ場所からPとは逆方向にスタートした。さらにその12分後に、Qが同じ場所からPと同じ方向にスタートした。

【3】 制限時間：3分

PがRと最初にすれ違うのは、Rがスタートしてから何分何秒後か。

A　2分30秒後　　B　2分40秒後　　C　3分00秒後
D　3分15秒後　　E　3分30秒後　　F　3分50秒後
G　A～Fのいずれでもない

【4】 制限時間：4分

Pはちょうど4周して周回を終えた。このとき、QとRの差は何mか。

A　540m　　B　600m　　C　660m　　D　720m
E　800m　　F　840m　　G　A～Fのいずれでもない

【4】のヒント▶▶▶ Pが4周したとき、QとRはスタートしてから何分が経過しているか。

LEVEL2 -3 大手・難関突破！

合格圏 5 問中 3 問正解

CHECK □□□

練習問題

▶ 解答・解説は別冊 21 〜 22 ページ

9 P、Q、R の 3 人が 18km 離れた目的地へ行く。P はオートバイに Q を乗せ、R は徒歩で、それぞれ同時に出発した。そして P は、到着する前に Q を降ろし、Q はそこから徒歩で目的地に向かった。P は同じ道を戻って出会った R をオートバイに乗せ、目的地に向かったところ、3 人同時に 10 時ちょうどに目的地に到着した。
オートバイの速度は 24km/ 時、徒歩の速度は 4km/ 時である。

【1】 制限時間：5 分

Q がオートバイで移動した距離は、徒歩で移動した距離の何倍か。

A　2 倍　　B　2.5 倍　　C　3 倍　　D　3.5 倍
E　4 倍　　F　4.5 倍　　G　A 〜 F のいずれでもない

【2】 制限時間：2 分

R が徒歩で移動した時間はいくらか。

A　45 分　　B　60 分　　C　72 分　　D　75 分
E　90 分　　F　120 分　　G　A 〜 F のいずれでもない

【3】 制限時間：3 分

3 人が同時に出発した時刻はいつか。

A　8 時　　B　8 時 15 分　　C　8 時 25 分　　D　8 時 40 分
E　8 時 50 分　　F　9 時　　G　A 〜 F のいずれでもない

【1】のヒント ▶▶▶ 方程式をつくるとき、何を文字で表したら合理的かを考える。

10 下表は、ある電車の路線の時刻表である。W 駅から Z 駅に向かうのが上り電車、Z 駅から W 駅に向かうのが下り電車である。なお、W 駅から Z 駅までの距離は 91.5km であり、Y・Z 区間は X・Y 区間よりも 11km 短い。

	上り	下り
W	11:25	12:50
X	11:40	12:30
Y	12:05	12:15
Z	12:25	11:55

【1】 制限時間：5 分

上り電車について、W・X 区間の平均速度は Y・Z 区間より 3km/ 時速い。Y・Z 区間の平均速度はいくらか。

A 72km/ 時　B 78km/ 時　C 84km/ 時　D 87km/ 時
E 90km/ 時　F 94km/ 時　G A ～ F のいずれでもない

【2】 制限時間：5 分

上り電車と下り電車がすれ違うのは、何時何分か。

A 12 時 06 分　B 12 時 07 分　C 12 時 08 分
D 12 時 09 分　E 12 時 10 分　F 12 時 12 分
G A ～ F のいずれでもない

10 のヒント ▶▶▶ X・Y 間の距離を a とすると、Y・Z 間、W・X 間はどう表せるか。

8 場合の数

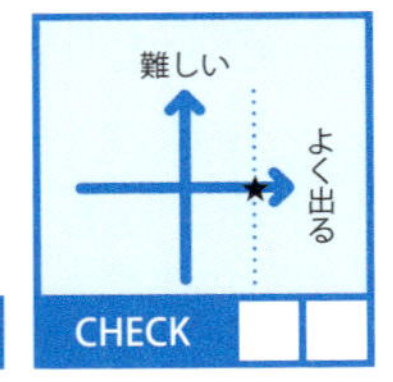

✓ テストセンター ✓ ペーパーテスティング ✓ WEBテスティング

例題 -1 ▶ こんな問題が出る！

ある高校の生徒会には、11 人の役員がいる。

【1】

ある行事の担当委員として 4 人選出する。考えられる組み合わせは何通りあるか。

A 300 通り　**B** 330 通り　**C** 365 通り　**D** 382 通り
E 405 通り　**F** 426 通り　**G** A～Fのいずれでもない

【2】

11 人の役員から会長、副会長、監査の 3 つの役職をそれぞれ 1 人ずつ選出する。考えられる組み合わせは何通りあるか。

A 825 通り　**B** 905 通り　**C** 926 通り　**D** 990 通り
E 1030 通り　**F** 1260 通り　**G** A～Fのいずれでもない

着眼点

選んだものに区別をつける？ つけない？

たった1分で解く

場合の数で重要な公式は 2 つ。

x 個から y 個を選ぶとき、選んだものに区別をつける必要がないときは Combination の公式を用いる。

総数から 1 ずつ減らして選ぶ数だけかける

$$ {}_{総数}\mathrm{C}_{選ぶ数} = \frac{(総数) \times (総数 - 1) \times (総数 - 2) \times \cdots}{(選ぶ数) \times (選ぶ数 - 1) \times (選ぶ数 - 2) \times \cdots 1} $$

選ぶ数から 1 ずつ減らして 1 までかける

選んだものに区別をつける必要があるときは、Permutation の公式を用いる。

$$ {}_{総数}\mathrm{P}_{選ぶ数} = (総数) \times (総数 - 1) \times (総数 - 2) \cdots $$

総数から 1 ずつ減らして選ぶ数だけかける

【1】

選んだものに区別をつける必要はないので、11 人の中から 4 人選ぶ Combination の公式でよい。

${}_{11}C_4 = \dfrac{11 \times 10 \times 9 \times 8}{4 \times 3 \times 2 \times 1} = 330$。したがって、330 通り。

解答　**B**　330 通り

【2】

A・B・C の 3 人を選んでも、会長 A・副会長 B・監査 C と会長 B・副会長 A・監査 C は異なる組み合わせとなるので、Permutation の公式を用いる。

${}_{11}P_3 = 11 \times 10 \times 9 = 990$。したがって、990 通り。

D　990 通り

例題 -2 ▶ こんな問題が出る！

ある高校の生徒会には男子 6 人、女子 5 人の計 11 人の役員がいる。

【1】

ある行事の担当委員として男女を 2 名ずつ選出する。考えられる組み合わせは何通りあるか。

A　110 通り　　B　124 通り　　C　144 通り　　D　150 通り
E　160 通り　　F　172 通り　　G　A ～ F のいずれでもない

【2】

ある行事の担当委員として、3 名を選出する。このうち、女子のほうが男子より多い組み合わせは何通りあるか。

A　30 通り　　B　40 通り　　C　50 通り　　D　60 通り
E　70 通り　　F　80 通り　　G　A ～ F のいずれでもない

着眼点

- **男子 2 人、女子 2 人の場合**
- **女子 3 人、男子 0 人の場合
  または女子 2 人、男子 1 人の場合**

それぞれの違いを理解する

たった1分で解く

複合的な場合の数は、「a と b の両方の条件を満たす場合」と「a と b のどちらかの条件を満たす場合」のいずれかによって解法が異なる。

【1】

男子 6 人から 2 人を選ぶ組み合わせは $_6C_2 = \frac{6 \times 5}{2 \times 1} = 15$ 通り…a

女子 5 人から 2 人を選ぶ組み合わせは $_5C_2 = \frac{5 \times 4}{2 \times 1} = 10$ 通り…b

a と b の両方が満たされている場合は、両方をかけ合わせる。

$15 \times 10 = 150$ 通り。

D　150 通り

【2】

女子 3 人・男子 0 人の場合、$_5C_3 = \frac{5 \times 4 \times 3}{3 \times 2 \times 1} = 10$ 通り…a

女子 2 人・男子 1 人の場合、$_5C_2 \times {}_6C_1 = \frac{5 \times 4}{2} \times \frac{1 \times 6}{1} = 60$ 通り…b

a は、それ自体で条件を満たしている（計 3 人で、女子のほうが多い）。

b についても同様。この場合は、両方を足す。

$10 + 60 = 70$ 通り。

解　答　E　70 通り

Point !

この分野は、最近になってとくに重要度が増している。テストセンターでは必ずといっていいほど出題されている。

LEVEL1 基本問題クリア！

合格圏 6 問中 4 問正解

CHECK □□□

練習問題

▶ 解答・解説は別冊 23 ページ

1 英語教師が、テスト用に英単語 5 問、英文法 3 問を用意した。

【1】 制限時間：1 分

英単語 2 問、英文法 2 問の計 4 問でテストをつくるとき、考えられる組み合わせは何通りあるか。

A　16 通り　　B　24 通り　　C　30 通り　　D　36 通り
E　40 通り　　F　44 通り　　G　A ～ F のいずれでもない

【2】 制限時間：1 分

英単語を少なくとも 3 問含む計 5 問でテストをつくるとき、考えられる組み合わせは何通りあるか。

A　26 通り　　B　46 通り　　C　52 通り　　D　56 通り
E　72 通り　　F　84 通り　　G　A ～ F のいずれでもない

【3】 制限時間：2 分

英単語、英文法とも少なくとも 1 問以上出題し、しかも英単語のほうを多くして計 5 問のテストをつくるとき、考えられる組み合わせは何通りあるか。

A　36 通り　　B　45 通り　　C　52 通り　　D　58 通り
E　66 通り　　F　72 通り　　G　A ～ F のいずれでもない

【3】のヒント ▶▶▶ 英単語・英文法の考えられる問題数の組み合わせを出す。

2 ある映画監督が女性、老人、外国人の、3 種類の配役のオーディションを行った。

【1】 制限時間：1 分

女性役に 6 人、老人役に 3 人、外国人役に 2 人の応募があった。この中からそれぞれ 1 名ずつ選ぶとき、合格者の組み合わせは何通りあるか。

A　12 通り　B　24 通り　C　32 通り　D　36 通り
E　40 通り　F　48 通り　G　A ～ F のいずれでもない

【2】 制限時間：2 分

女性役に 8 人、老人役に 6 人、外国人役に 5 人の応募があった。この中からそれぞれ 2 名ずつ選ぶとき、合格者の組み合わせは何通りあるか。

A　3680 通り　B　3820 通り　C　4200 通り　D　4410 通り
E　4850 通り　F　5250 通り　G　A ～ F のいずれでもない

【3】 制限時間：4 分

配役について、女性役は登場人物 P・Q 役それぞれ 1 人の計 2 人。老人役は、登場人物 R・S・T それぞれ 1 人とあと 1 人の計 4 人。外国人役は登場人物 U・V それぞれ 1 人とあと 2 人の計 4 人となった。
女性役に 6 人、老人役に 5 人、外国人役に 5 人の応募があったとき、合格者の組み合わせは何通りあるか。

A　16800 通り　B　48000 通り　C　92500 通り
D　124000 通り　E　216000 通り　F　308000 通り
G　A ～ F のいずれでもない

【3】のヒント ▶▶▶ それぞれの配役とその人数をていねいに計算する。

LEVEL2 大手・難関突破！

合格圏 4 問中 3 問正解

CHECK □□□

練習問題

▶ 解答・解説は別冊 24 ページ

3 あるマラソンの国際大会に、次の 8 人が参加した。

名前	国籍	出場資格
P	日本	招待選手
Q	日本	招待選手
R	日本	個人参加選手
S	ロシア	個人参加選手
T	ロシア	個人参加選手
U	アメリカ	招待選手
V	アメリカ	個人参加選手
W	アメリカ	個人参加選手

【1】 制限時間：2 分

1、2 位がともに招待選手である場合は何通りあるか。

A 3680 通り　B 4150 通り　C 4320 通り　D 4860 通り
E 5550 通り　F 5600 通り　G A ～ F のいずれでもない

【1】のヒント ▶▶▶ 3 位以下はどのような組み合わせでもかまわない。

【2】制限時間：2分
同じ国籍の選手が 1、2、3 位を占める場合は何通りあるか。

A　1440通り　B　1560通り　C　1820通り　D　2160通り
E　2240通り　F　2540通り　G　A～Fのいずれでもない

【3】制限時間：5分
アメリカとロシアの個人参加選手は3位までに入れなかった。この条件を満たす場合は何通りあるか。

A　480通り　B　960通り　C　1280通り　D　1660通り
E　2560通り　F　2880通り　G　2960通り　H　3200通り

【4】制限時間：5分
個人参加選手が 1、2、3 位を占める場合は何通りあるか。

A　5440通り　B　5850通り　C　6400通り　D　7200通り
E　7680通り　F　8400通り　G　A～Fのいずれでもない

【2】のヒント ▶▶▶ 1～3位を占める可能性がある国は？

すべての可能性のうち、ある事象が起きる可能性を答える問題

9 確率

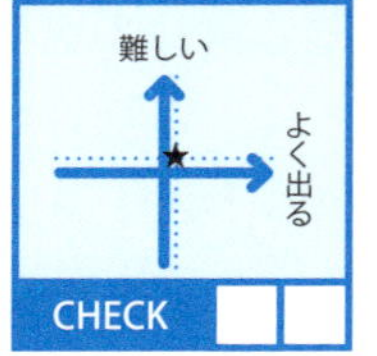

✓ テストセンター ✓ ペーパーテスティング ✓ WEBテスティング

例題 ▶こんな問題が出る！

P、Q、R が昼食をとるために同じ店に行った。P は 3/8、Q は 2/5、R は 1/4 の確率でカレーを注文することがわかっている。

【1】

誰もカレーを注文しない確率はいくらか。

A 2/9　**B** 6/17　**C** 3/25　**D** 9/32　**E** 7/55

【2】

3 人のうち 2 人がカレーを注文する確率はいくらか。

A 1/3　**B** 2/9　**C** 9/52　**D** 7/96　**E** 37/160

着眼点

確率 x の事象 X と確率 y の事象 Y が同時に起こる確率……x × y

たった1分で解く

【1】

Pがカレーでない確率は$1-\frac{3}{8}=\frac{5}{8}$。

同様に、Qは$\frac{3}{5}$、Rは$\frac{3}{4}$。

したがって、$\frac{5}{8}\times\frac{3}{5}\times\frac{3}{4}=\frac{9}{32}$。

解答　D　9/32

【2】

Pだけがカレーを注文しない確率は、Q、Rともにカレーを注文することも条件に含まれるので、$\frac{5}{8}\times\frac{2}{5}\times\frac{1}{4}$。

同様に、Qだけがカレーを注文しない確率は、$\frac{3}{8}\times\frac{3}{5}\times\frac{1}{4}$。

Rだけがカレーを注文しない確率は、$\frac{3}{8}\times\frac{2}{5}\times\frac{3}{4}$。

したがって、求める確率は$\frac{(5\times2\times1)+(3\times3\times1)+(3\times2\times3)}{8\times5\times4}$

$=\frac{37}{160}$。

解答　E　37/160

Point！

最近のSPIでは、例題のようにあらかじめ各事象の確率が示され、それらの複合的な確率を求める問題もよく出されている。難易度は低いが、新しい傾向として注目される。

とくに例題【2】は、それぞれの確率の段階では約分しないのがポイント。最後に足し合わせるのがわかっているときは、最後の段階で通分が必要になるため、一つひとつ約分するよりも、解説のように計算したほうが効率的だ。

LEVEL1 基本問題クリア！

合格圏 6 問中 5 問正解

CHECK □□□

練習問題

▶ 解答・解説は別冊 25 ～ 26 ページ

1 表裏ともに赤いコインが 4 枚、表が赤で裏が白のコインが 3 枚ある。これらのコインをすべて袋に入れた。

【1】 制限時間：1 分

コインを 1 枚取り出して投げたとき、赤が出る確率はいくらか。

A 1/2　B 5/9　C 4/7　D 5/12
E 11/14　F 8/15　G A ～ F のいずれでもない

【2】 制限時間：3 分

コインを 2 枚取り出して投げたとき、2 枚とも赤が出る確率はいくらか。

A 5/12　B 4/19　C 17/28　D 47/98
E 87/196　F 45/233　G A ～ F のいずれでもない

【3】 制限時間：3 分

コインを 2 枚取り出して投げたとき、白が 1 枚以上出る確率はいくらか。

A 1/2　B 11/28　C 31/196　D 75/311
E 58/515　F 149/644　G A ～ F のいずれでもない

【1】のヒント ▶▶▶ 表裏ともに赤いコインは、取り出した時点で 100% 赤になる。

2 P、Q、R が相撲をとる。P が Q に勝つ確率は 3/5、Q が R に勝つ確率は 2/5、R が P に勝つ確率は 7/10 である。なお、引き分けはない。

【1】 制限時間：2 分

P が Q にも R にも勝つ確率はいくらか。

A 1/3　B 4/9　C 5/12　D 4/15
E 12/25　F 9/50　G A ～ F のいずれでもない

【2】 制限時間：2 分

Q が P と R の両方と対戦し、1 勝 1 敗になる確率はいくらか。

A 1/3　B 2/5　C 5/12　D 8/21
E 12/25　F 13/30　G A ～ F のいずれでもない

【3】 制限時間：5 分

3 人で抽選してまず 2 人が対戦（これを 1 回戦とする）し、勝ったほうが残りの 1 人と対戦（これを決勝戦とする）し、それで勝ったほうを優勝とする。このとき、P が優勝する確率はいくらか。

A 1/3　B 2/5　C 3/10　D 5/12
E 6/25　F 13/50　G A ～ F のいずれでもない

【3】のヒント ▶▶▶ 1 回戦の対戦カードは 3 通りで、それぞれ等確率である。

LEVEL2 大手・難関突破！

合格圏 6 問中 4 問正解

CHECK □□□

練習問題

▶ 解答・解説は別冊 27 ～ 28 ページ

3 3 人でじゃんけんをして、1 人だけ勝ち残るまで続ける。

【1】 制限時間：3 分

1 回目で決まらない確率はいくらか。

A　1/2　　B　1/3　　C　2/3　　D　1/9
E　2/9　　F　7/9　　G　A ～ F のいずれでもない

【2】 制限時間：3 分

2 回目で決まる確率はいくらか。

A　1/2　　B　1/3　　C　2/3　　D　1/9
E　2/9　　F　7/9　　G　A ～ F のいずれでもない

【3】 制限時間：3 分

2 回目でも決まらない確率はいくらか。

A　1/2　　B　1/3　　C　2/3　　D　1/9
E　2/9　　F　7/9　　G　A ～ F のいずれでもない

【1】のヒント ▶▶▶ あいこになる場合が 2 通りあることに注意。

4 トランプがP、Q、Rの3組（ジョーカーは除く。本来ならば1組52枚）ある。ただし、Pには黒札の絵札がなく、Qには赤札がなく、Rには赤札の絵札がない。これらをよく交ぜ合わせた。
なお、絵札とはそれぞれのマークのA・J・Q・Kのカードであり、数札とは2～10のカードである。
また、黒札とはスペード、クラブのカード、赤札とはダイヤ、ハートのカードである。

【1】 制限時間：3分

無作為に1枚引いたとき、黒札の絵札である確率はいくらか。

A　2/13　B　4/13　C　5/36　D　8/57
E　11/61　F　9/80　G　A～Fのいずれでもない

【2】 制限時間：5分

無作為に3枚引いたとき、すべて赤札の数札である確率はいくらか。

A　205/3012　B　221/4555　C　233/5025
D　244/7157　E　255/8588　F　265/9321
G　A～Fのいずれでもない

【3】 制限時間：5分

無作為に2枚引いたとき、黒と赤の絵札が1枚ずつである確率はいくらか。

A　46/5521　B　51/5435　C　128/6441
D　70/6667　E　75/7123　F　92/8133
G　A～Fのいずれでもない

【3】のヒント▶▶▶ そもそも絵札は全部で何枚あるか。

10 集合

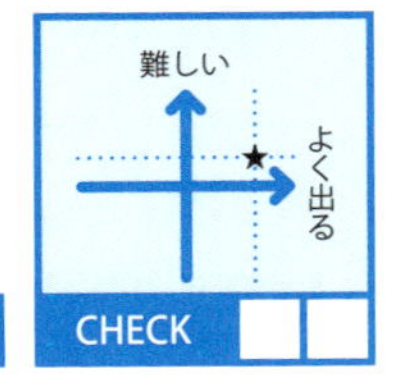

✓ テストセンター　✓ ペーパーテスティング　✓ WEBテスティング

例題 ▶こんな問題が出る！

1 下表は、ある小学校の生徒 35 人に野菜の好き嫌いについて尋ねたアンケートの結果である。

	好き	嫌い
にんじん	12 人	23 人
ピーマン	9 人	26 人

「にんじんは好きだがピーマンは嫌い」という生徒が 4 人いる。どちらも嫌いな生徒は何人か。

A　3 人　　B　7 人　　C　12 人　　D　16 人
E　19 人　　F　22 人　　G　A～F のいずれでもない

着眼点

にんじん好きの 12 人を、「ピーマンも好き」「ピーマンは嫌い」に分ける

たった1分で解く

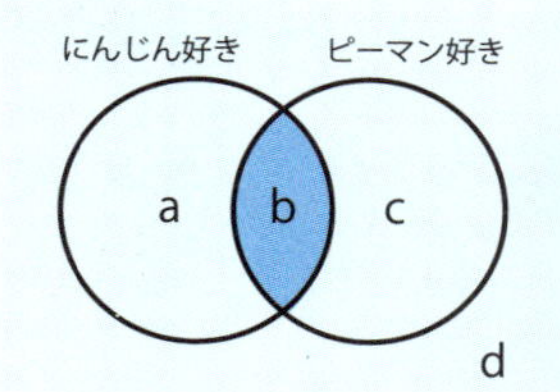

ベン図で考える。それぞれの領域に記号を付しておくのがポイント。
にんじんが好きな生徒は12人なので、図の領域でいうと a＋b＝12。さらにピーマンが好きな生徒9人は、b＋c＝9となる。
そして「にんじんは好きだがピーマンは嫌い」は図のaにあたる。問題文から、a＝4。
この3つの式があれば、すべての要素がわかる。

求めるべき「どちらも嫌いな生徒」は図のdにあたる。
a＋b＝12にa＝4を代入し、b＝8。
これをb＋c＝9に代入し、c＝1。
生徒は35人なので、a＋b＋c＋d＝35である。
これにより、4＋8＋1＋d＝35。よってd＝22。
したがって、22人が正解。

解　答　**F**　22人

Point！

集合の問題に苦手意識を持つ人は多い。ということは、確実に正解できれば他者と差をつけるのに最適な科目ともいえる。
パターンはいくつかあるが、最近では例題のような表形式の問題が多くみられる。これは集合問題の中でもかなり解きやすいので、身構えずに取り組んでみよう。

LEVEL1 基本問題クリア！

合格圏 5 問中 4 問正解

CHECK □□□

練習問題

▶ 解答・解説は別冊 29 ～ 30 ページ

1 下表は、ある大学の新入生 400 人に対し、これからの大学生活でしてみたいこと、してみたくないことを尋ねた結果である。

	してみたい	してみたくない
海外留学	280 人	120 人
サークル活動	330 人	70 人
資格の取得	150 人	250 人

【1】 制限時間：2 分

海外留学はしてみたいがサークル活動はしてみたくない人が 40 人のとき、サークル活動はしてみたいが海外留学はしてみたくない人は何人か。

A 60 人　B 70 人　C 80 人　D 90 人
E 100 人　F 110 人　G A ～ F のいずれでもない

【2】 制限時間：2 分

サークル活動も資格の取得もしてみたい人が 90 人のとき、サークル活動も資格の取得もしてみたくない人は何人か。

A 10 人　B 20 人　C 30 人　D 40 人
E 50 人　F 60 人　G A ～ F のいずれでもない

1 のヒント ▶▶▶ ベン図を描く → 各領域に記号を付す → 条件に従って数式化する。

【3】 制限時間：2分

海外留学も資格の取得もしたくない人が20人のとき、どちらか一方だけしたい人は何人か。

A 150人　B 180人　C 240人　D 280人
E 330人　F 380人　G A～Fのいずれでもない

2 80人を対象に、食肉の消費状況について調査した。調査によると、過去5日間に、牛肉を食べたのは67人、豚肉を食べたのは35人、鶏肉を食べたのは51人であった。
また、牛肉と豚肉の両方を食べた人は32人で、牛肉しか食べていない人は22人だった。
なお、肉をまったく食べていない人はいなかった。

【1】 制限時間：3分

牛肉と鶏肉の2種類のみを食べた人は何人か。

A 7人　B 8人　C 10人　D 11人
E 13人　F 16人　G A～Fのいずれでもない

【2】 制限時間：3分

牛肉と鶏肉を食べた人は21人だった。
牛肉と豚肉の2種類のみを食べた人は何人か。

A 18人　B 20人　C 22人　D 24人
E 26人　F 28人　G A～Fのいずれでもない

2 のヒント ▶▶▶ ベン図の形が前問とは少し変わることに注意。

LEVEL2 大手・難関突破！

合格圏 5 問中 4 問正解

CHECK □□□

練習問題

▶ 解答・解説は別冊 30 ～ 31 ページ

3 ある CD ショップの 1 日の CD の販売動向について、次のことがわかっている。

- ポップスを買った人は 13 人だった。
- クラシックを買った人は 11 人だった。
- ジャズを買った人は 10 人だった。
- ポップスとクラシックの 2 種類だけを買った人は 4 人だった。

【1】 制限時間：2 分

3 種類すべてを買った人数として考えられるのは、最多で何人か。

A　5 人　　B　6 人　　C　7 人　　D　8 人

E　9 人　　F　10 人　　G　A ～ F のいずれでもない

【2】 制限時間：2 分

ポップスのみ、もしくはポップスとジャズの 2 種類を買った人数として考えられるのは、少なくとも何人か。

A　1 人　　B　2 人　　C　3 人　　D　4 人

E　5 人　　F　6 人　　G　A ～ F のいずれでもない

3 のヒント ▶▶▶ ポップスとクラシックについて成り立つ式から考える。

4 下表は、男女それぞれ 100 人に旅行経験について尋ねたアンケートの結果である。

旅行先	男性		女性	
	経験あり	経験なし	経験あり	経験なし
京都	57 人	43 人	35 人	65 人
沖縄	49 人	51 人	74 人	26 人
北海道	29 人	71 人	52 人	48 人

【1】 制限時間：2 分

京都に行ったことはないが沖縄に行ったことがある男性は 12 人だった。どちらにも行ったことがない男性は何人か。

A 23 人　B 27 人　C 31 人　D 35 人
E 38 人　F 40 人　G A～F のいずれでもない

【2】 制限時間：3 分

沖縄にも北海道にも行ったことのない女性は 25 人だった。どちらにも行ったことがある女性は何人か。

A 32 人　B 36 人　C 39 人　D 42 人
E 45 人　F 51 人　G A～F のいずれでもない

【3】 制限時間：3 分

京都にも北海道にも行ったことのない男性は、どちらにも行ったことがある男性の 2 倍だった。どちらにも行ったことがない男性は何人か。

A 25 人　B 28 人　C 32 人　D 33 人
E 37 人　F 40 人　G A～F のいずれでもない

4 のヒント ▶▶▶ 解答に必要な情報だけを抜き出して考えるのが合理的。

11 表計算・資料解釈

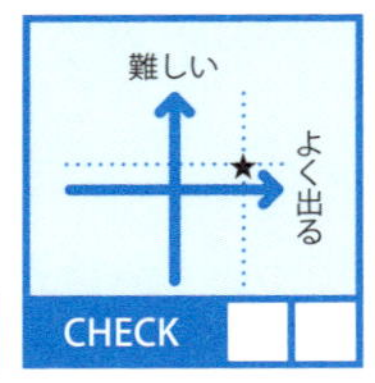

テストセンター　ペーパーテスティング　WEBテスティング

例題-1 ▶こんな問題が出る！

下表は、ある高校のクラスにおける卒業生の進路の内訳である。

	前　年		本　年	
	人数	比率	人数	比率
正規就職			30	24.0%
非正規就職	36	30.0%		29.6%
進　学	54	45.0%		
浪　人	12		10	

次のア～ウの記述のうち、正しいものの組み合わせを選びなさい。

ア．本年の生徒総数は、前年より 10 人多い。
イ．本年の非正規就職者の数は、前年に比べて増加した。
ウ．本年の進学者の比率は、前年に比べて減少した。

A　アのみ　**B**　イのみ　**C**　ウのみ　**D**　アとイ
E　アとウ　**F**　イとウ　**G**　アとイとウ

着眼点

人数 ÷ 総数 ＝ 比率

たった1分で解く

アは誤り。

前年の総数を x とすると、36 人が 30% なので、$x \times \frac{30}{100} = 36$。

これを解くと、$x = 120$。つまり 120 人。

本年の総数を y とすると、30 人が 24% なので、$y \times \frac{24}{100} = 30$。

これを解くと、$y = 125$。

したがって、5 人多い。

イは正しい。

前問から、本年の生徒総数は 125 人なので、非正規就職者は、

$125 \times \frac{29.6}{100} = 37$ 人。したがって、前年の 36 人より 1 人増えた。

ウは正しい。

本年の浪人の比率は $10 \div 125 = 8.0\%$。

ということは、進学の比率は $100 - (24 + 29.6 + 8.0) = 38.4\%$。

前年の 45% より減少した。

解　答　**F**　イとウ

Point！

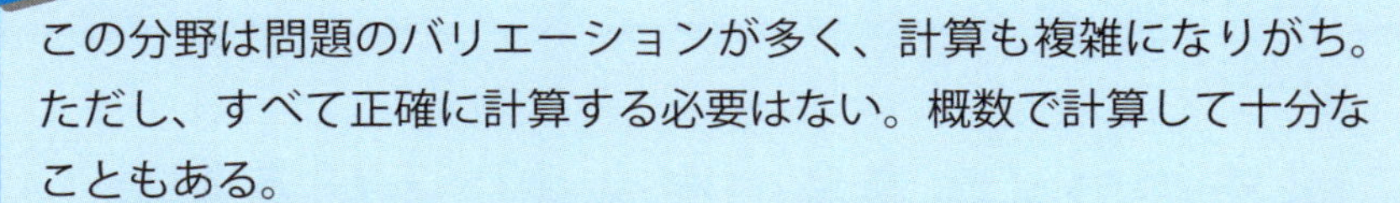

この分野は問題のバリエーションが多く、計算も複雑になりがち。ただし、すべて正確に計算する必要はない。概数で計算して十分なこともある。

例題のイでは、29.6% を 30% にして計算しても結果になんら影響はない。こうした見極めも大切である。

例題 -2 ▶ こんな問題が出る！

下表は、ある県におけるW市、X市、Y市、Z市の穀物生産の割合、および作物別の穀物生産高の内訳をまとめたものである。

	県全体に占める割合	コメ	ムギ	トウモロコシ	その他
W市	35%	25%	35%	10%	30%
X市	25%	40%	25%	15%	20%
Y市	15%	30%	35%	5%	30%
Z市	25%	65%	20%	5%	10%

次のア～ウの記述のうち、正しいものの組み合わせを選びなさい。

ア．トウモロコシの生産高は、W市とX市で県全体の半分以上を占めている。
イ．県全体のコメの生産高は、ムギの生産高の1.5倍以上である。
ウ．ムギの生産高がもっとも多い市は、もっとも少ない市の生産高の2倍以上ある。

A　アのみ　　B　イのみ　　C　ウのみ　　D　アとイ
E　アとウ　　F　イとウ　　G　アとイとウ

W市のコメ生産高の県全体に占める割合
･･･35% × 25% = 8.75%

たった1分で解く

アは正しい。

それぞれの市のトウモロコシの生産高は、W市が35%×10%＝3.5%。X市が25%×15%＝3.75%、Y市が15%×5%＝0.75%、Z市が25%×5%＝1.25%。県全体の穀物生産高のうち、トウモロコシが占める割合は、3.5＋3.75＋0.75＋1.25＝9.25%。
W・X両市で3.5＋3.75＝7.25%なので、過半数である。

イは誤り。

コメの生産高は、W市が35%×25%＝8.75%、X市が10.0%、Y市が4.5%、Z市が16.25%。
合計は、8.75＋10.0＋4.5＋16.25＝39.5%。
ムギの生産高は、W市が12.25%、X市が6.25%、Y市が5.25%、Z市が5%なので、合計は28.75%。
39.5÷28.75＝1.373…なので、1.5倍をわずかに下回る。

ウは正しい。

前問の通り、ムギの生産高1位はW市の12.25%、最下位はZ市の5%。したがって、2倍以上の開きがある。

解答　E　アとウ

Point！

計算が多く、また複雑になるのがこの分野。前述の通り、概数の計算を多用してスピーディーにこなしたい。
表は、とくにヨコの列の関係に注意する。

合格圏 4 問中 3 問正解
CHECK □□□

LEVEL1 -1 基本問題クリア！

練習問題

▶ 解答・解説は別冊 32 ～ 33 ページ

1 下表は、ある都市の 5 年ごとの人口と年代別の構成比である。

	2000 年	2005 年	2010 年
人口（万人）	22	20	16
20 歳未満	10%	8%	7%
20 ～ 30 歳未満	14%	12%	11%
30 ～ 40 歳未満	16%	14%	16%
40 ～ 50 歳未満			
50 ～ 60 歳未満	23%	24%	21%
60 歳以上	19%	22%	23%

【1】 制限時間：2 分

50 ～ 60 歳未満の人口について、次のア～ウの記述のうち、正しいものの組み合わせを選びなさい。

ア . 2000 年から 2005 年までに、人口は増加した。
イ . 2005 年から 2010 年までに、人口は 1 万人以上減少している。
ウ . 2000 年から 2010 年までに、人口は 2 万人以上減少している。

A アのみ　B イのみ　C ウのみ　D アとイ
E アとウ　F イとウ　G アとイとウ

【1】のヒント ▶▶▶ 人口の推移はヨコの列だけみればいい。

【2】 制限時間：3分

40歳未満の人口について、次のア～ウの記述のうち、正しいものの組み合わせを選びなさい。

ア. 2000年から2005年にかけて、人口は増加した。
イ. 2005年から2010年にかけて、人口は変わっていない。
ウ. 2000年から2010年にかけて、人口は3万人以上減少した。

A アのみ　B イのみ　C ウのみ　D アとイ
E アとウ　F イとウ　G アとイとウ

【3】 制限時間：2分

40～50歳未満の人口について、次のア～ウの記述のうち、正しいものの組み合わせを選びなさい。

ア. 人口に対する構成比は増加し続けている。
イ. もっとも人口が多い年と少ない年では、5000人以上の差がある。
ウ. 5年前と比べて人口が増えた年がある。

A アのみ　B イのみ　C ウのみ　D アとイ
E アとウ　F イとウ　G アとイとウ

【4】 制限時間：4分

2010年に、20歳未満の者が少なくともあと何人いれば、構成比で10%を超えられたか。もっとも近いものを選びなさい。ただし、他の年代の者の人口は変わらないものとする。

A 4800人　B 5100人　C 5400人　D 5800人
E 6000人　F 6300人　G A～Fのいずれでもない

【3】のヒント ▶▶▶「あと x 人いれば構成比で10%になる」として方程式をつくる。

LEVEL1 -2 基本問題クリア！

合格圏 4 問中 3 問正解

CHECK □□□

練習問題

▶ 解答・解説は別冊 34 ページ

2 下表は、ある中学校で理科の好き嫌いを尋ねたアンケート調査の結果をまとめたものである。なお、表中の単位は「人」である。また、本問における「好きな生徒」とは、「すごく好き」「すこし好き」と答えた生徒の合計である。「嫌いな生徒」についても同様である。

	すごく好き	すこし好き	ふつう	すこし嫌い	すごく嫌い	合計
5 年前	24	35	43	51	42	195
今 年	25	50	40	29	ア	

【1】 制限時間：1 分

今年、「すごく嫌い」と答えた生徒は、今年の生徒全体の 20% だった。アに入る数字を答えなさい。

A 22　B 24　C 32　D 36
E 40　F 42　G A～F のいずれでもない

【2】 制限時間：1 分

5 年前と比べて、全体の中で好きな生徒が占める割合はどれだけ増えたか。もっとも近いものを選びなさい。

A 2 ポイント　B 5 ポイント　C 8 ポイント
D 11 ポイント　E 15 ポイント　F 18 ポイント
G A～F のいずれでもない

【1】のヒント ▶▶▶ 今年の生徒の総数はどのようにして表せるか。

【3】 制限時間：2分

次のア〜ウの記述のうち、正しいものの組み合わせを選びなさい。

ア.「すこし好き」と答えた生徒が全体の中で占める割合は、5年前に比べて10ポイント以上増加した。

イ.「すこし嫌い」と答えた生徒が全体の中で占める割合は、5年前に比べて10ポイント以上減少した。

ウ.「ふつう」と答えた生徒が全体の中で占める割合は、5年前と比べてもほとんど変わらない（変化の幅が0.5ポイント以内である）。

A アのみ　B イのみ　C ウのみ　D アとイ
E アとウ　F イとウ　G アとイとウ

【4】 制限時間：3分

アンケート結果を受けて、理科の教員たちは今年の学年末にもう一度同様の調査を行い、そのときまでに嫌いな生徒を全体の22％以下にするという目標を立てた。次のア〜ウのうち、この目標を果たせるものを選びなさい。

ア. 今年「すこし嫌い」と答えた生徒の数を、次の調査までに半分以下にする。

イ. 今年「すごく嫌い」と答えた生徒の数を、次の調査までに1/3にする。

ウ. 今年「すこし嫌い」もしくは「すごく嫌い」と答えた生徒の数を、次の調査までにそれぞれ15人ずつ減らす。

A アのみ　B イのみ　C ウのみ　D アとイ
E アとウ　F イとウ　G アとイとウ

【4】のヒント ▶▶▶ 嫌いな生徒を22％以下に抑えるには、何人以下にすればよいか。

LEVEL2 -1 大手・難関突破！

合格圏 4 問中 3 問正解

CHECK □□□

練習問題

▶ 解答・解説は別冊 35 ページ

3 次に示すのは、ある食品メーカーがデパートの物産展に出展したときの会計報告である。

支出

費目	内容	金額
製造費用	原料費	90
	加工費	200
	物流保存費	110
出展費用	出展料	160
	人件費	80
	設営費	40
その他		120
	合計	800

収入

商品	販売数（個）	金額
商品 A		184
商品 B		440
商品 C		340
合計	451	964

- 表中の金額の単位はすべて 1000 円である。
- それぞれの商品 1 個の定価は、商品 A は 1600 円、商品 B は 2200 円、商品 C は 2500 円である。
- 商品 A ～ C は、200 個ずつ製造された。

【1】 制限時間：1 分

商品全体の販売個数のうち、商品 C が占める割合（割り切れないときは小数点第 1 位を四捨五入）はいくらか。

A 30%　　B 31%　　C 32%　　D 33%　　E 34%

F 35%　　G 36%　　H A ～ G のいずれでもない

【1】のヒント ▶▶▶ 金額ではなく個数を求めることに注意。

【2】 制限時間：1分

出展費用に占める人件費の割合はいくらか。もっとも近いものを選びなさい。

A 20%　B 22%　C 25%　D 29%　E 30%
F 32%　G 35%　H A～Gのいずれでもない

【3】 制限時間：1分

この物産展には出展者向けの早期申し込み割引サービスがあり、それに申し込めば出展料が3割引きになった。この食品メーカーがこのサービスを利用した場合、総支出額を現在の何%に抑えられていたか。

A 90%　B 91%　C 92%　D 93%　E 94%
F 95%　G 96%　H A～Gのいずれでもない

【4】 制限時間：3分

表からわかる通り、合計収支は16万4000円のプラスになった。もし商品A～Cを完売していたら、合計収支はこの何倍になっていたか。もっとも近いものを選びなさい。
なお、売れ残った商品は廃棄されたが、廃棄費用として支出項目の「その他」に5万5000円が計上されており、商品を完売していたら、廃棄費用はゼロになる。

A 1.85倍　B 2.25倍　C 2.60倍　D 3.14倍
E 3.36倍　F 3.82倍　G A～Fのいずれでもない

【4】のヒント ▶▶▶ 合計収支の増減だけに注目したほうが早い。

LEVEL2 -2 大手・難関突破!

合格圏 4 問中 2 問正解
CHECK □□□

練習問題

▶ 解答・解説は別冊 36 ページ

4 下表は、P～Wの8つの州から構成されているX国の自動車保有状況をまとめたものである。

	項目 A	項目 B	項目 C
	台数（万台）	人口 1000 人あたりの台数	面積 $1km^2$ あたりの台数
P	251.4	198.7	21.1
Q	336.2	104.6	38.6
R	459.7	153.0	68.6
S	512.4	237.7	41.0
T	365.4	230.7	58.9
U	1025.4	401.3	64.1
V	211.7	235.5	24.9
W	647.7	343.6	75.3

【1】 制限時間：2分

もっとも人口の多い州はどれか。

A　P州　　B　Q州　　C　R州　　D　S州
E　T州　　F　U州　　G　V州　　H　W州
I　決定できない

【1】のヒント▶▶▶ 項目A÷人口＝項目B

【2】 制限時間：3分

もっとも人口密度の高い州はどれか。

A P州
B Q州
C R州
D S州
E T州
F U州
G V州
H W州
I 決定できない

【3】 制限時間：3分

Q州の人口が300万人増えると、項目Bはどうなるか。ただし、他の変化は一切ないものとする。

A 11.2ポイント減少する。
B 8.9ポイント減少する。
C 6.4ポイント減少する。
D 12.5ポイント増加する。
E 7.5ポイント増加する。
F 5.2ポイント増加する。
G A～Fのいずれでもない。

【4】 制限時間：4分

S州の保有自動車台数が52.4万台減ると、どのような変化が起きるか。ただし、他の変化は一切ないものとする。

A 項目Bが24.3台減少する。
B 項目Bが15.8台減少する。
C 項目Bが9.7台減少する。
D 項目Cが5.6台減少する。
E 項目Cが4.8台減少する。
F 項目Cが3.2台減少する。
G A～Fのいずれでもない。

【2】のヒント ▶▶▶ 人口密度＝人口÷面積

12 長文の計算

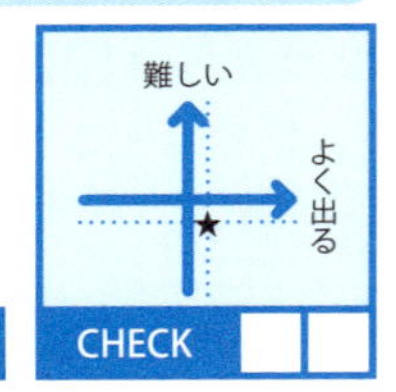

☑ テストセンター  ペーパーテスティング  WEBテスティング

例題 ▶ こんな問題が出る！

Pさんの住む町には、X、Yの2つのスーパーマーケットがある。Pさんは最近、夫に次の発言をした。

「今日は卵がXで1パック132円だったけど、Yではそれより25%も高かったのよ。まあ、Xは先週に比べて12%も安くなってるんだけどね。先週Xで3パック買っちゃったんだけど、そうじゃなくて先週は1パック、今日2パック買えばよかったわ。そうすれば、（　ア　）円安くなったのに。ただ、今日、Yでは卵3パックにつき100円のキャッシュバックをしてたから、それも魅力的だったんだけど」

【1】

（　ア　）に入る数字を答えなさい。

A　25　　B　32　　C　36　　D　38

【2】

次のア、イの記述のうち、正しいものの組み合わせを選びなさい。

ア．今日のYの卵1パックの値段は、先週のXの値段より高い。
イ．今日卵3パックを買うとすると、XよりYのほうが安い。

A　アのみ　　B　イのみ　　C　アとイ　　D　どちらも誤り

必要な情報だけを抜き取って考える

たった1分で解く

【1】

先週の卵の値段を x とすると、$x \times \frac{88}{100} = 132$。
これを解くと、$x = 150$。
先週Xで3パック買ったので、150 × 3 = 450円。
先週1パックと今日2パックなら、(150 × 1)＋(132 × 2)＝414円。
したがって、450 － 414 ＝ 36円安くなる。

解答　C　36

【2】

アは正しい。
今日のYの値段は、$132 \times \frac{125}{100} = 165$ 円。
前問から、先週のXは150円なので、今日のYのほうが15円高い。

イは正しい。
今日、Yで3パック買うと、165 × 3 － 100 ＝ 395円。
Xで3パック買うと、132 × 3 ＝ 396円。
したがって、Yのほうが安い。

解答　C　アとイ

合格圏 3 問中 3 問正解
CHECK □□□

LEVEL1 基本問題クリア！

練習問題

▶ 解答・解説は別冊 37 ページ

1 次の文章は、ある地点で高速道路の通行車両について定点観測をした報告書の一部である。

観測地点 X では、通行車両は 24 時間で 5.9 万台でした。これは前年比 3.2% 増で、通行料金の値下げなどが寄与していると考えられます。
内訳をみると、自家用車が 55%、商用車が 45% でした。商用車の 3 区分（中型トラック、大型トラック、それ以外）の内訳では、中型トラックが商用車全体の 30% に落ち込む一方で、大型トラックは商用車全体の 55% となり、初めて過半数となりました。
一方で、観測地点 Y では通行車両は同じ 24 時間で 7.5 万台で、これは前年比 5.5% 減で、減少率が過去最大となりました。
内訳は、自家用車 40%、商用車 60% で、商用車の台数は前年に比べ 1.3 万台減りました。これは燃料費の高騰や新空港の開港などで、自動車での輸送がコスト上昇につながったからだとみられています。

【1】 制限時間：1 分

観測地点Xにおける自家用車の通行台数は、中型トラックの通行台数の約何倍か。

A 3.2 倍　B 3.5 倍　C 4 倍　D 4.5 倍
E 4.8 倍　F 5 倍　G A ～ F のいずれでもない

【1】のヒント ▶▶▶ 全体の台数 × 商用車の割合 × 中型トラックの割合 ＝ 中型トラックの台数

【2】 制限時間：3分

次の記述ア、イで正しく述べたものを選びなさい。

ア．前年の通行台数は、観測地点Xのほうが Y よりも多かった。
イ．Y での前年比の減少台数は、過去最大となった。

A　アもイも正しい。
B　アは正しいがイはどちらともいえない。
C　アは正しいがイは誤り。
D　アはどちらともいえないがイは正しい。
E　アもイもどちらともいえない。
F　アはどちらともいえないがイは誤り。
G　アは誤りだがイは正しい。
H　アは誤りだがイはどちらともいえない。
I　アもイも誤り。

【3】 制限時間：3分

次の記述ア、イで正しく述べたものを選びなさい（選択肢は前問と共通）。

ア．観測地点Xにおける大型トラックの通行台数は、今年が過去最大となった。
イ．観測地点Yにおける自家用車の通行台数は、前年と比べて増加している。

【3】のヒント ▶▶▶ 文章からわかること、わからないことを正しく見極める。

LEVEL2 大手・難関突破！

合格圏 2 問中 2 問正解

CHECK □□□

練習問題

▶ 解答・解説は別冊 37 ページ

2 **次の文章は、ある県の完全失業率に関する新聞記事である。なお、本文に登場する数値の意味は次の通りである。**

完全失業率……生産年齢人口に占める完全失業者の割合。
有効求人倍率……応募者数に対する求人件数の比率。
生産年齢人口……15 歳以上 65 歳未満の人口。

P 県の完全失業率は、前の年より 1.2 ポイント悪化し、4.2% となった。完全失業者数は 7.9 万人で、前の年より 2 万人増えた。県の生産年齢人口も 10 万人減少し、厳しい経済環境が浮き彫りとなった形だ。
ただ、求人数自体は増えており、完全失業者の希望とのミスマッチが指摘されている。職種別にみると、情報通信関連で求人件数は 1.5 万件と伸び悩み、有効求人倍率は 0.8 倍にとどまった。サービス業でも 0.6 倍と、求人件数は伸び悩んでいる。一方で、介護・医療分野は 3.4 倍、農業分野は 1.2 倍など、人材不足が深刻化している業界も少なくない。仮に介護・医療分野の求人件数がすべて満たされれば、完全失業率は半分になる計算だ。こういった業界は、完全失業者をどう呼び込めるかに知恵を絞っている。
前の年に比べて、県の人口に占める生産年齢人口の割合は 65.0% で変わらないぶん、人口減が経済状況の悪化に直結している。縮小する経済規模、縮小する雇用に増え続ける完全失業者。対策は待ったなしだ。

【1】のヒント ▶▶▶ 生産年齢人口 = 失業者数 ÷ 失業率

【1】 制限時間：2分

前年のＰ県の人口はいくらか。もっとも近いものを選びなさい。

A　285.9 万人
B　296.5 万人
C　302.6 万人
D　305.1 万人
E　306.1 万人
F　308.4 万人
G　A～Fのいずれでもない

【2】 制限時間：3分

次のア、イの記述について正しく述べたものを選びなさい。

ア．介護・医療分野への応募者数は、情報通信分野への応募者数より多い。
イ．農業分野への応募者数は、サービス業への応募者数の2倍である。

A　アもイも正しい。
B　アは正しいがイはどちらともいえない。
C　アは正しいがイは誤り。
D　アはどちらともいえないがイは正しい。
E　アもイもどちらともいえない。
F　アはどちらともいえないがイは誤り。
G　アは誤りだがイは正しい。
H　アは誤りだがイはどちらともいえない。
I　アもイも誤り。

【2】のヒント ▶▶▶ 介護・医療分野の求人件数がすべて満たされたら、完全失業者数はどうなる？

Column-2

計算問題をミスらず、論理的な問題で勝負！

繰り返しになりますが、テストセンター（IRT 方式の試験）では、人によって問題を変えることで、より的確なスコアを算出できるよう試みています。そのため、ある問題に正解すれば、次はそれより少し難しい問題が出る。それにも正解すれば、次はさらに難しい問題が出る、というのが、一般的な出題パターンです。もちろん、間違えればその逆になります。

また IRT 方式の試験では、正答率の低い問題に正解するほどスコアが上がりますが、高い問題に正解してもそれほど上がりません。つまり、正答率が低い問題ほど配点が高いといえます。

そこで、優秀な人とそうでない人の分水嶺になるのが、計算問題です。

まずは、損益算や分割払い、精算といった計算問題をいくつか出題し、正解すれば論理的な問題に移っていくのが基本パターンです。ここでいう論理的な問題とは、推論や表計算・資料解釈などです。

ということは、計算問題で誤答を繰り返していると論理的な問題がほとんど出ずに終わることもあります。

そして、計算問題は平均して正答率が高いので、スコアも上がりにくいのです。

つまり、高得点を取るには、計算問題をクリアしたうえで、正答率の低い論理的な問題でも結果を残す、という 2 段構えが必要です。計算問題でのミスは命取りにもなりかねません。

ただし、ここで述べたのはあくまで一般論。計算問題でも正答率が低いものもあれば、その逆もまた然り。いずれにせよ、丁寧にすばやく解くことが高得点のカギです。

3章
非言語 - 金銭問題

13 損益算

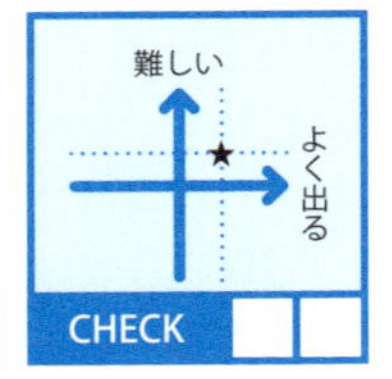

✓ テストセンター ✓ ペーパーテスティング ✓ WEBテスティング

例題 ▶ こんな問題が出る！

ある品物に原価の 50% の利益を見込んで定価をつけたが、売れなかったため 2 割引きで販売したところ、330 円の利益を得た。

【1】
この品物の原価はいくらか。

A 1460 円　B 1650 円　C 1780 円　D 1850 円

【2】
得られた利益は、当初予定していた利益の何倍にあたるか。

A 1/4 倍　B 2/5 倍　C 3/7 倍　D 4/9 倍

眼点

原価×原価に対する利益の割合＝利益
原価＋利益＝定価

たった1分で解く

【1】

利益とは、原価と定価との差であることに注目する。

原価を x とすると、定価は $x \times \frac{150}{100}$ となる。この 2 割引は、

$\left(x \times \frac{150}{100}\right) \times \frac{8}{10}$。これが原価より 330 円高かったことになるので、

次の式が成り立つ。$\left(x \times \frac{150}{100}\right) \times \frac{8}{10} = x + 330$

これを解くと、$120x - 100x = 33000$、$x = 1650$。

したがって、原価は 1650 円。

解答　B　1650 円

【2】

原価が 1650 円なので、当初予定していた利益は $1650 \times \frac{50}{100} = 825$ 円。

それが 330 円になったので、倍率は $330 \div 825 = \frac{2}{5}$。

B　2/5 倍

Point！

この分野は SPI の計算問題の代表的な部類に入る。実際に遭遇する機会も多いはずなので、きちんと理解しておきたい。

とはいえ、身につけておくべきなのは着眼点にある 2 つの公式のみ。原価の問題や原価に対する利益の割合の問題もあるが、これらの公式がわかっていれば、方程式にして解けるはず。絶対にしくじりたくない分野のひとつだ。

LEVEL1 基本問題クリア！

合格圏 6 問中 4 問正解

CHECK □□□

練習問題

▶ 解答・解説は別冊 38 ～ 39 ページ

1 次の文章を読み、問いに答えなさい。

【1】 制限時間：2 分

原価 1600 円の品物に、原価の 40% の利益を見込んで定価をつけたが売れなかったので、定価から 250 円値引きして販売した。このときの利益はいくらか。

A　170 円　　B　200 円　　C　250 円　　D　310 円
E　390 円　　F　420 円　　G　A ～ F のいずれでもない

【2】 制限時間：2 分

ある商品は、定価の 16% 引きで売ると 156 円の利益があり、38% 引きで売ると 757 円の損失があるという。この商品の原価はいくらか。

A　3120 円　　B　3250 円　　C　3280 円　　D　3330 円
E　3360 円　　F　3450 円　　G　A ～ F のいずれでもない

【3】 制限時間：2 分

ある商品を 3200 円の定価で販売している。あるときから原価を 25% 値上げすることになったため、定価を据え置くと利益が 15% 減少してしまう。この商品の値上げ前の原価はいくらか。

A　800 円　　B　960 円　　C　1020 円　　D　1200 円
E　1280 円　　F　1320 円　　G　A ～ F のいずれでもない

【2】のヒント ▶▶▶ 定価を x、原価を y として方程式を 2 つつくる。

2 ある商品を20個仕入れて、原価の35%の利益を見込んで定価をつけたところ、定価で12個が売れ、10640円の損失だった。

【1】 制限時間：2分

この商品の原価はいくらか。

A　2400円　B　2480円　C　2620円　D　2750円
E　2800円　F　2920円　G　A～Fのいずれでもない

【2】 制限時間：2分

残った8個を定価の500円引きで販売したところ、2個が売れた。この時点での損益はいくらか。

A　6080円の損失　B　4080円の損失　C　2060円の損失
D　3040円の利益　E　5600円の利益　F　6040円の利益
G　A～Fのいずれでもない

【3】 制限時間：3分

さらに残った6個を1個あたり定価の1000円引きで販売したところ、すべて売れた。このとき、全体で得られた利益は、すべて定価で売れたときに得られるはずだった利益に比べて何%減少したか（小数点第2位を四捨五入）。

A　26.5%　B　31.2%　C　33.3%　D　35.7%
E　38.0%　F　40.2%　G　A～Fのいずれでもない

【3】のヒント▶▶▶最終的に20個すべて売れたが、1個あたりの利益は？

LEVEL2 大手・難関突破！

練習問題

▶ 解答・解説は別冊 39 ～ 40 ページ

3 次の文章を読み、問いに答えなさい。

【1】 制限時間：3 分

ある商品について、定価の 2 割引きで販売しても原価の 2 割の利益を得られるようにしたい。このとき、定価のときの原価に対する利益の割合をいくらにすればよいか。

A　20%　　B　25%　　C　30%　　D　40%
E　50%　　F　60%　　G　A ～ F のいずれでもない

【2】 制限時間：3 分

ある商品に 20%の利益を見込んで定価を決めた。この商品を定価の 1 割引きで販売すると、1 個あたり 40 円の利益になるという。この商品を定価で販売すると、1 個あたりの利益はいくらになるか。

A　45 円　　B　60 円　　C　100 円　　D　120 円
E　150 円　　F　160 円　　G　A ～ F のいずれでもない

【2】のヒント ▶▶▶ 定価を表すには、原価と原価率、実際の売価と利益額、の 2 つの方法がある。

4 ある店は、いかなる商品についても原価の 40% の利益を見込んで定価を決めている。

【1】 制限時間：3 分

ある商品を定価の半額で販売したら、90 円の損失となった。この商品の原価はいくらか。

A 300 円　B 340 円　C 380 円　D 440 円
E 460 円　F 480 円　G A ～ F のいずれでもない

【2】 制限時間：3 分

定価の 294 円引きで売ると原価に対する利益の割合が 28% になってしまう商品がある。この商品の定価はいくらか。

A 2450 円　B 2620 円　C 2875 円　D 3150 円
E 3430 円　F 3530 円　G A ～ F のいずれでもない

【3】 制限時間：3 分

原価が 1500 円の商品について、1 個あたり 250 円の利益を確保するには、定価の何 % まで割引できるか。ただし、この店では割引率が小数点以下になることはない。

A 13%　B 14%　C 15%　D 16%
E 17%　F 18%　G A ～ F のいずれでもない

【2】のヒント ▶▶▶ 方程式をつくるとき、原価を文字に置き換えるのがポイント。

総量のうちのいくらかを積み重ねる状況についての問題

分割払い・仕事算

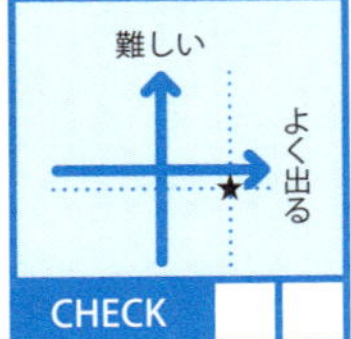

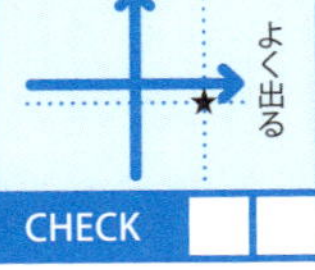

✓ テストセンター　✓ ペーパーテスティング　 WEBテスティング

例　題　▶こんな問題が出る！

ある人がオートバイを購入した。最初に総額の 1/7 を支払い、残りを 12 回の分割払いにする。

【1】
分割払い 1 回あたりの支払額は、総額のうちのいくらか。

A　1/6　　B　1/7　　C　1/12　　D　1/14

【2】
5 回目の支払いを終えた時点で、残額は総額のうちのいくらか。

A　1/2　　B　1/3　　C　3/4　　D　2/5

着眼点

分割払いの対象となるのは総額のうちのいくらか

たった1分で解く

【1】

最初に $\frac{1}{7}$ を支払っているので、残額は $1-\frac{1}{7}=\frac{6}{7}$。
これを12回の分割にするので、1回あたりの支払額は $\frac{6}{7}\div 12=\frac{1}{14}$ となる。

解答　D　1/14

【2】

分割払い5回分で支払った金額は、$\frac{1}{14}\times 5=\frac{5}{14}$。
最初に $\frac{1}{7}$ を支払っているので、残額は $1-\left(\frac{1}{7}+\frac{5}{14}\right)=\frac{1}{2}$。

解答　A　1/2

Point !

この種の問題はバリエーションが多く、多様な形式で出題されている。
テストセンターでは例題のような分割払いの問題が主流だが、ペーパーテスティングでは117ページ 2 のような仕事算と呼ばれる形で出題されることもある。
とはいえ、基本的な考え方は変わらない。「分割の対象となるのは総額（総仕事量）のうちのいくらか」「1回あたりの金額（仕事量）は総額（総仕事量）のうちのいくらか」というポイントにつねに目を向けていれば、たんなる計算問題にすぎない。分数での計算が多くなるので、約分、通分、割り算などでつまずかないこと。

LEVEL1 基本問題クリア！

合格圏 6 問中 5 問正解

CHECK □□□

練習問題

▶ 解答・解説は別冊 41 ページ

1 P さんが 3 月にグランドピアノを購入した。最初に総額の 1/3 を支払い、残りは 4 月から月初に 1 度の分割で支払う。また、6・8・10 月はそれ以外の月の 3 倍の金額を支払うことになっている。翌年の 1 月分の支払いで、全額を支払い終える。

【1】 制限時間：2 分

6 月に支払うべき金額は分割の支払額のうちのいくらか。

A 1/10　B 1/11　C 1/12　D 2/15
E 3/16　F 3/20　G A～F のいずれでもない

【2】 制限時間：2 分

8 月末の時点で、残額は総額のうちのいくらか。

A 1/3　B 1/2　C 5/11　D 7/22
E 7/24　F 8/51　G A～F のいずれでもない

【3】 制限時間：2 分

11 月分までの支払いをすべて条件通りに終えたうえで、12 月に残額をまとめて支払い、すべての支払いを終わらせたい。12 月に支払うべき金額は総額のうちのいくらか。

A 1/8　B 2/9　C 3/10　D 1/12
E 2/15　F 3/16　G A～F のいずれでもない

1 のヒント ▶▶▶「残額のうちのいくら」「総額のうちのいくら」の違いに注意。

2 ある人が皿洗いのアルバイトをしている。13 時から 14 時までに全体の 1/7、14 時から 15 時までに全体の 2/9 を洗った。いったん休憩し、16 時からの 5 時間で残りをすべて終わらせるつもりでいる。

【1】 制限時間：2 分

16 時からの 1 時間で洗う量は全体のどれだけにあたるか。

A 2/7　B 5/16　C 13/32　D 8/63
E 11/72　F 15/94　G A ～ F のいずれでもない

【2】 制限時間：1 分

18 時の時点で、残りの量は全体のうちのいくらか。

A 8/21　B 13/25　C 15/32　D 17/48
E 21/52　F 25/62　G A ～ F のいずれでもない

【3】 制限時間：3 分

19 時まで予定通りにこなしたところで、残りの量の 1/2 にあたる量が追加された。19 時から 3 時間ですべて終わらせようとしたら、19 時からの 1 時間で洗う量は、14 時からの 1 時間で洗った量の何倍にあたるか。

A 2/3 倍　B 3/5 倍　C 4/5 倍　D 4/7 倍
E 5/9 倍　F 7/12 倍　G A ～ F のいずれでもない

【3】のヒント ▶▶▶ 追加されたのはどのタイミングか、に注意。

LEVEL2 大手・難関突破！

合格圏 6 問中 4 問正解

CHECK □□□

練習問題

▶ 解答・解説は別冊 42 ～ 43 ページ

3 ある商品の購入にあたって、最初に頭金を 1/9 支払った。残りは分割払いにするが、この場合は支払手数料が発生する。すなわち、残額の分割払いは、手数料を含めた金額で行う。

【1】 制限時間：2 分

6 回の分割払いをするとき、手数料は売値の 4/15 であった。このとき、1 回に支払う金額は、総額のうちのいくらか。

A　5/16　　B　42/115　　C　26/135　　D　35/153
E　30/163　　F　25/168　　G　A ～ F のいずれでもない

【2】 制限時間：2 分

11 回の分割払いをするとき、手数料は売値の 1/3 であった。このとき、4 回目の支払いを終えた時点で、支払額は総額のうちのいくらか。

A　4/7　　B　5/8　　C　5/9　　D　5/12
E　4/25　　F　11/32　　G　A ～ F のいずれでもない

【3】 制限時間：2 分

手数料は残額の 5/16 であった。これを 6 回の分割にするとき、1 回に支払う金額は、総額のうちのいくらか。

A　5/24　　B　7/36　　C　8/51　　D　7/55
E　9/65　　F　19/48　　G　A ～ F のいずれでもない

【3】のヒント ▶▶▶ 残額を基準にした手数料を、売値を基準にした数値に変えて計算する。

4 ある仕事をするのに、アルバイト6人ですると15日間、社員4人ですると8日間かかる。

【1】制限時間：2分

この仕事を社員2人で6日間した場合、アルバイト9人で3日間した場合に比べて何倍進むか。

A 2/3倍　B 5/4倍　C 3/2倍　D 7/4倍
E 2倍　F 9/4倍　G A～Fのいずれでもない

【2】制限時間：3分

この仕事をアルバイト4人と社員2人ですると何日目に終わるか。

A 8日目　B 9日目　C 10日目　D 11日目
E 12日目　F 13日目　G A～Fのいずれでもない

【3】制限時間：3分

この仕事を、アルバイト10人と社員何人かを遣って6日目までに終わらせたい。社員は最低何人必要か。

A 1人　B 2人　C 3人　D 4人
E 5人　F 6人　G A～Fのいずれでもない

【1】のヒント ▶▶▶ 社員1人、アルバイト1人につき1日あたりどれだけ進むか。

15 精算

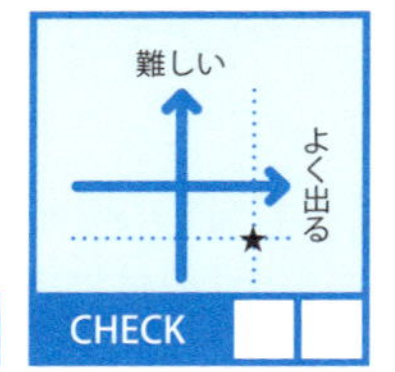

 テストセンター  ペーパーテスティング  WEBテスティング

例題 ▶こんな問題が出る！

X、Y、Zの3人でドライブをかねてテーマパークへ行った。Xは車のガソリン代2500円を支払った。Yはテーマパークの入場料3800円を支払った。Zは食事代1500円を支払った。

【1】
全員の支払額を揃えるために、次の空欄に入る数字を答えなさい。

Xは（　**A**　）円をYに支払う。

【2】
全員の支払額を揃えるために、次の空欄に入る数字を答えなさい。

Zは（　**B**　）円をYに支払う。

着眼点

かかった費用の総額、1人あたりの負担額から求めていく

たった1分で解く

【1】【2】

まず、かかった費用の総額を求める。2500＋3800＋1500＝7800円。これを3人で負担するので、1人あたりの負担額は7800÷3＝2600円。

したがって、Xの負担額は2600－2500＝100円、Zの負担額は2600－1500＝1100円それぞれ少ないので、これを3800－2600＝1200円多く支払っているYに支払う。

これにより、Yの負担額も3800－（100＋1100）＝2600円となり、全員の支払額が揃う。

解答　A　100　　B　1100

Point！

この分野はSPIの中でもっとも難易度が低い。123ページのようにメンバー同士の借金などが絡んでくると多少ややこしくなるが、それでもたいしたことはない。
高得点を狙うなら、絶対に落とせない。

また、この分野は検算しやすいという特徴もある。例題では正解へのルートだけを示したが、下記のように検算もしておこう。
Xはガソリン代2500円とYへの100円で、負担額は2600円。
Yはテーマパークの入場料に3800円支払っているが、Xから100円とZから1100円で、3800－100－1100＝2600円。
Zは食事代1500円とYへの1100円で2600円。
余裕があれば、このような作業もきちんとしておこう。計算ミスなどで落とすのはもったいない。

LEVEL1 基本問題クリア！

合格圏 4 問中 4 問正解

CHECK □□□

練習問題

▶ 解答・解説は別冊 44 ページ

1 W、X、Y、Z の 4 人で友人の受賞パーティーの準備をした。W は装飾費 1650 円を支払った。X は飲食費 2430 円を支払った。Y はプレゼント代 4880 円を支払った。Z は準備のときにはまったく支払っていない。これから、全員の支払額を揃える。
まず、W が X にいくらか支払い、X の分の精算を終えた。

【1】 制限時間：1 分

W が X に支払った金額はいくらか。

A　160 円　B　190 円　C　230 円　D　280 円
E　320 円　F　360 円　G　A ～ F のいずれでもない

【2】 制限時間：1 分

それ以外の者が精算するのに必要なことを、すべて選びなさい。

A　W は Y に 200 円支払う。
B　W は Y に 300 円支払う。
C　W は Y に 400 円支払う。
D　Z は Y に 1850 円支払う。
E　Z は Y に 2060 円支払う。
F　Z は Y に 2240 円支払う。
G　Z は W に 60 円支払う。
H　Z は W に 90 円支払う。
I　Z は W に 110 円支払う。

【1】のヒント ▶▶▶ 総額から 1 人あたりの負担額を調整する。

2 P、Q、Rの3人で旅行した。Pは交通費22000円を支払った。Qは食事代13000円を支払った。Rは宿泊費19000円を支払ったが、うち5000円はQから借りた分だった。
これらについて、貸し借りの分も含めて精算したい。

【1】 制限時間：1分
RとPの間の精算関係として正しいものを選びなさい。

A　精算する必要はない。
B　RがPに1000円支払う。
C　RがPに2000円支払う。
D　RがPに3000円支払う。
E　RがPに4000円支払う。
F　RがPに5000円支払う。
G　RがPに6000円支払う。
H　A～Gのいずれでもない

【2】 制限時間：1分
RとQの間の精算関係として正しいものを選びなさい。

A　精算する必要はない。
B　RがQに1000円支払う。
C　RがQに2000円支払う。
D　RがQに3000円支払う。
E　RがQに4000円支払う。
F　RがQに5000円支払う。
G　RがQに6000円支払う。
H　A～Gのいずれでもない

2 のヒント ▶▶▶ 貸しがあるということは、それだけ負担額が増えていると考える。

LEVEL2 大手・難関突破！

合格圏 5 問中 4 問正解

CHECK □□□

練習問題

▶ 解答・解説は別冊 45 ページ

3 大学生 L、M、N の 3 人で学園祭の準備をした。L は 7900 円で衣装を調達した。M は 14200 円で小道具を調達した。N は大道具を調達した。その結果、精算のときに L は、M に 1400 円、N にいくらかを支払い、全員の支払額を揃えた。

【1】 制限時間：2 分

N が大道具を調達するにあたって出費した金額はいくらか。

A 12600 円　B 13700 円　C 15400 円　D 16300 円
E 18900 円　F 19200 円　G A ～ F のいずれでもない

【2】 制限時間：2 分

精算のとき、L が N に支払った金額はいくらか。

A 1400 円　B 3500 円　C 4500 円　D 6100 円
E 7200 円　F 7900 円　G A ～ F のいずれでもない

【3】 制限時間：2 分

N は M に 1700 円の借金がある。これも含めて精算する方法として妥当なものを 1 つ選びなさい。

A L が M に 3100 円、N に 1800 円支払う。
B L が M に 1400 円、N に 1800 円支払う。
C L が M に 1400 円支払い、N から 200 円受け取る。

【1】のヒント ▶▶▶ 最後は均等に精算しているはず。

4 ある２人（XとY）が共同で事業を始めることになり、備品購入費と準備金とを折半することにした。備品購入費はYがとりあえず全額負担した。準備金は300万円を折半することにし、Xがいったん全額を銀行に払い込み、後で精算することになっている。
なお、XはYに80万円の借金がある。

【1】 制限時間：2分

当初の予定では、借金を除く準備金と備品購入費の精算にあたっては、YがXに90万円を支払うことで完了できることになっていた。Yが負担した備品購入費はいくらか。

A　60万円　B　90万円　C　100万円　D　120万円
E　140万円　F　150万円　G　A～Fのいずれでもない

【2】 制限時間：2分

Xは準備金を払い込む段階で、多いほうがいいだろうと考え、440万円を払い込んだ。事後にYも了承したため、総額を折半するという当初の方針はそのままである。このとき、借金も含めて精算するには、誰が誰にいくら支払えばよいか。なお、備品購入費は【1】で算出した額とする。

A　XがYに80万円支払う。
B　XがYに90万円支払う。
C　XがYに130万円支払う。
D　YがXに80万円支払う。
E　YがXに120万円支払う。
F　YがXに130万円支払う。
G　A～Fのいずれでもない。

【2】のヒント▶▶▶２人が支出した金額をまとめて一覧してみると？

16 売買の条件

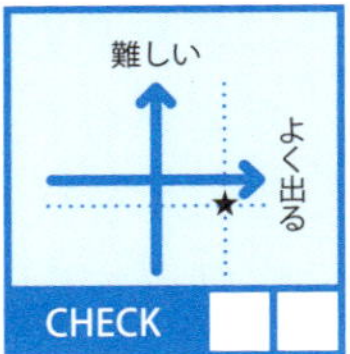

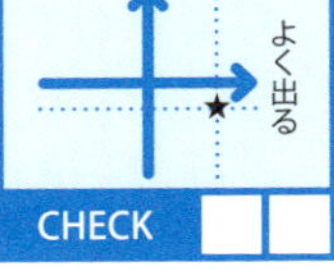

 テストセンター  ペーパーテスティング WEBテスティング

例 題 ▶ こんな問題が出る！

ある大学のゼミで博物館へ行った。入館料は 1 人 1000 円だが、10 人を超える分は団体割引きが適用され、1 人 600 円になる。

【1】

13 人で行ったときの入館料の総額はいくらか。

A 11200 円　B 11800 円　C 12000 円　D 12200 円
E 13000 円　F 13400 円　G A～F のいずれでもない

【2】

何人かでこの博物館に入り、入館料の総額を全員で均等に負担したところ、1 人あたりの負担額は 850 円になった。何人で入ったか。

A 13 人　B 14 人　C 15 人　D 16 人
E 17 人　F 18 人　G A～F のいずれでもない

眼点

定価と割引価格を別々に考える

たった1分で解く

【1】

定価で 10 人なので、1000 × 10 ＝ 10000 円。
割引価格で 3 人なので、600 × 3 ＝ 1800 円。
したがって、合計は 10000 ＋ 1800 ＝ 11800 円。

解　答　**B**　11800 円

【2】

1 人あたりの負担額が定価を下回っているので、11 人以上で入ったことがわかる。
10 人を超える分を x とする。
このとき、入場料の総額は、10000 ＋ 600x。
また、1 人あたりの負担分からみた総額は、850（10 ＋ x）。
したがって、10000 ＋ 600x ＝ 850（10 ＋ x）。
これを解くと、250x ＝ 1500、x ＝ 6。
したがって、人数は 10 ＋ 6 ＝ 16 人。

解　答　**D**　16 人

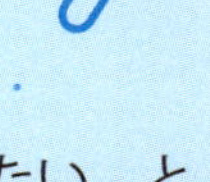

Point！

この分野もそれほど難しくないので、確実に正解しておきたい。とくに割引条件については、例題【2】のような方程式で「10 人を超える部分」を変数として扱うとうまくいく。
その場合、最後に人数を調整（例題でいう、10 ＋ 6 ＝ 16 の部分）するのを忘れないこと。

LEVEL1 -1 基本問題クリア！

合格圏 5 問中 4 問正解

CHECK □□□

練習問題

▶ 解答・解説は別冊 46 ～ 47 ページ

1 ある写真スタジオの利用料金は、1 時間 3800 円である。ただし 15 時から 19 時までは 1 時間あたり 15% 引き、19 時から 24 時までは 1 時間あたり 20% 引きとなっている。なお、営業時間は 10 時から 24 時までである。

【1】 制限時間：1 分

このスタジオを 13 時から 17 時まで利用するといくらかかるか。

A　13280 円　　B　14060 円　　C　14750 円
D　15460 円　　E　16320 円　　F　16600 円
G　A ～ F のいずれでもない

【2】 制限時間：2 分

このスタジオを連続して 9 時間使用したところ、利用料金は 30400 円であった。何時から利用していたか。

A　10 時　　B　11 時　　C　12 時　　D　13 時
E　14 時　　F　15 時　　G　A ～ F のいずれでもない

2 ある倉庫は、1 週間借りるごとに 8700 円かかるが、15 週を超える分については 1 週間あたり 15%、30 週を超える分については 1 週間あたり 40% の割引が適用される。

1 のヒント ▶▶▶ 割り引かれたときの金額を算出してから計算するとよい。

【1】 制限時間：1分

この倉庫を 25 週借りたときはいくらかかるか。

A 204450円　B 215120円　C 218470円
D 222060円　E 230760円　F 236840円
G A～Fのいずれでもない

【2】 制限時間：3分

この倉庫を 40 週借りるとき、割引きの制度がある場合は、ない場合と比べてどれだけ安くなるか。

A 48215円　B 52690円　C 54375円
D 57465円　E 60350円　F 61505円
G A～Fのいずれでもない

【3】 制限時間：3分

この倉庫を、あるときから起算して 1 週目から 18 週目までの 18 週間と、25 週目から 36 週目までの 12 週間借りたい。
このとき、次のア、イについて正しく述べたものを選びなさい。

ア. 最初に 18 週だけ借りて、その後改めて 25 週目から 12 週間借りる。
イ. 最初から 36 週借りる。

A アのほうが 12480円高い。　B アのほうが 14750円高い。
C アのほうが 163100円高い。　D イのほうが 13840円高い。
E イのほうが 15660円高い。　F イのほうが 17880円高い。
G A～Fのいずれでもない。

【3】のヒント ▶▶▶ 25 週目から借りる場合も、金額上は 1 週目になる。

LEVEL1 -2 基本問題クリア！

合格圏 4 問中 4 問正解

CHECK □□□

練習問題

▶ 解答・解説は別冊 47 ページ

3 ある家電量販店では、カメラの販売に対して次の 3 種類のキャンペーンを展開している。ただし、購入にあたって利用できるキャンペーンは、そのうちのいずれか 1 つだけである。

a. カメラ本体を 15% 割引き。

b. カメラ本体と一緒にレンズを購入した場合、レンズを 50% 割引き。

c. カメラ本体 1 台につき、カメラバッグ 1 つを進呈。

【1】 制限時間：1 分

75000 円のカメラと 32000 円のレンズを購入したい。このとき、キャンペーン a はキャンペーン b に比べて割引幅はいくら大きいか。次の文の空欄に入る数字を記しなさい。
なお、b のほうが大きいときは数字の前に「－」をつけること。

キャンペーン a のほうが割引額は（　A　）円大きい。

【2】 制限時間：1 分

25800 円のカメラと 8400 円のレンズとカメラバッグを購入するにあたって、キャンペーン c を使うと、キャンペーン a よりも得するがキャンペーン b より損する。カメラバッグはいくらか。
次の文の空欄に入る数字を記しなさい。

カメラバッグは、（　A　）円よりは高く、（　B　）円よりは安い。

【2】のヒント ▶▶▶ キャンペーンで割り引かれる金額とカメラバッグの金額を比べる。

4 **ある飲食店の個室パーティーコースは、次の料金設定になっている。**

- ルームチャージは参加人数に関係なく、一律 6000 円。
- 基本のコース料金は 1 人あたり 1500 円。
- 料理を 1 品追加するごとに 1 人あたり 300 円追加。
- 飲み放題の追加は 1 人あたり 950 円。
- 10 人で 1 人無料、それ以降は 5 人につき 1 人無料。

【1】 制限時間：1 分

18 人でこのコースを利用した。料理 2 品と飲み放題を追加した場合、かかった費用の総額はいくらか。

A　48800 円　B　51500 円　C　54800 円　D　60900 円
E　61200 円　F　64500 円　G　A ～ F のいずれでもない

【2】 制限時間：3 分

25 人でこのコースを利用し、かかった料金を均等に人数で割ったところ、1 人あたりの負担額は 2298 円だった。このとき、どのようなメニューで利用していたか。

A　料理も飲み放題も追加しなかった。
B　料理は追加せず、飲み放題は追加した。
C　料理を 1 品追加し、飲み放題を追加しなかった。
D　料理を 1 品追加し、飲み放題を追加した。
E　料理を 2 品追加し、飲み放題を追加しなかった。
F　料理を 2 品追加し、飲み放題を追加した。
G　A ～ F のいずれでもない。

【2】のヒント ▶▶▶ 無料になる人数を除外して計算する。

LEVEL2 -1 大手・難関突破！

練習問題

▶ 解答・解説は別冊 48 ページ

5 あるボウリング場には一般会員と特別会員の制度があり、下表の通り料金がそれぞれ異なる。ただし 4 名以上で利用するときに限り、特別会員 1 名につき一般会員 1 名が特別会員料金で利用できる。

	平日	週末
特別会員料金	440 円	750 円
一般会員料金	660 円	（　）円

【1】 制限時間：1 分

平日に特別会員 4 人と一般会員 7 人で利用した。このときの料金の総額はいくらか。

A　4520 円　B　4860 円　C　5500 円　D　6120 円
E　6600 円　F　7230 円　G　A ～ F のいずれでもない

【1】のヒント ▶▶▶ 特別会員料金になるのは何人か。

【2】 制限時間：2分

週末に特別会員3人と一般会員4人で利用したら、平日に同じメンバーで利用するより2150円高かった。表の(　　)に入る数値を選びなさい。

A　850　B　920　C　950　D　1040
E　1120　F　1180　G　A～Fのいずれでもない

【3】 制限時間：2分

週末に一般会員9人で利用した。このうち3人が特別会員だったとき、総額はいくら安くなっていたか。

A　560円　B　620円　C　750円　D　880円
E　950円　F　1200円　G　A～Fのいずれでもない

【4】 制限時間：3分

一般会員12人のグループがある。週末にこのグループに特別会員を何人か加え、総額を全員で均等に支払ったところ、1人あたりの料金が790円になった。特別会員は何人いたか。

A　3人　B　4人　C　5人　D　6人
E　7人　F　8人　G　A～Fのいずれでもない

【3】のヒント▶▶▶一般会員と特別会員の差額から求める。

LEVEL2 -2 大手・難関突破！

合格圏 4 問中 3 問正解

CHECK □□□

練習問題

▶ 解答・解説は別冊 48 ～ 49 ページ

6 ある特定の賃貸マンションは、不動産会社 A・B・C のいずれからも契約を申し込め、各社はそれぞれ次のようなキャンペーン（下表）を行っている。ただし、すべてのキャンペーンは 2 年間住むことが条件である。また、保証金は家賃の 3 か月分であり、2 年間で支払う総額は保証金および家賃 2 年分である。

なお、月額家賃はつねに 1000 円単位で定められる。

A 社	契約満了時に 25 万円キャッシュバック
B 社	保証金ゼロ
C 社	家賃 5%引き （保証金は割引後の家賃をもとに算定）

【1】 制限時間：**1** 分

月額家賃が 72000 円のとき、C 社では 2 年間でいくら支払うことになるか。

A 1616400 円　**B** 1782500 円　**C** 1846800 円

D 2052000 円　**E** 2165500 円　**F** 2337800 円

G A ～ F のいずれでもない

【1】のヒント ▶▶▶ 2 年間（24 か月）＋ 保証金 3 か月で、総額は月額家賃の 27 倍になると考える。

【2】 制限時間：2分

月額家賃が45000円の場合、B社とC社ではどちらがどれだけ得か。

A　B社のほうが68450円得になる。
B　B社のほうが74250円得になる。
C　B社のほうが78120円得になる。
D　C社のほうが68450円得になる。
E　C社のほうが74250円得になる。
F　C社のほうが78120円得になる。
G　A～Fのいずれでもない。

【3】 制限時間：2分

次の空欄を埋めるのに適した数値を、直接記しなさい。

月額家賃が（　　）円以上の場合は、A社よりB社から申し込んだほうが、全体の支払額は少なくて済む。

【4】 制限時間：2分

次の空欄を埋めるのに適した数値を、直接記しなさい。

月額家賃が（　　）円以下の場合は、C社よりA社から申し込んだほうが、全体の支払額は少なくて済む。

【3】のヒント ▶▶▶ 両社とも、定価よりいくら得をするかを考える。

Column - 3

実際に受けて慣れておく！

本書を手にしている皆さんは、これまでも多くの試験を受けてきたと思います。入試や学校の定期テストはもちろん、資格試験などを受けている方もいるでしょう。

しかし、SPI の受検方式や出題内容はこれらに比べてかなり独特です。出題内容は本書を学習することでつかめますが、その努力がテストセンターやペーパーテスティングですぐに成果に結びつくかどうかは、受けてみないとわかりません。

とにかく何度も SPI を受けてみることをお勧めします。

一般に初めて受けるテストよりも、すでに受けたことのあるテストのほうが、好成績につながりやすいからです。これはさまざまな社会実験や実際のテスト結果によって実証されています。出題形式やパソコン操作、注意点などを自分なりに把握してから臨むほうが、精神的に余裕が生まれるのです。

この点は SPI を販売しているリクルートキャリアも考慮しており、SPI のサンプルを受けられる仕組みを『リクナビ』で用意しています（用意しているということは、1 回目では有用な判断ができないことを認めているのかもしれません）。

ただし、注意すべき点もあります。受ける企業がテストセンターか Web テスティングサービスか、SPI 以外のテストかは、実際にエントリーしてみないとわかりません。

日頃から情報収集を行い、腕だめしでエントリーする企業（とはいえ、絶対に行かない企業にエントリーするのはマナー違反です）、本命企業などを自分なりに分類して、対策を立てるのもひとつの手です。

4章
非言語 - 図表問題

グラフの領域

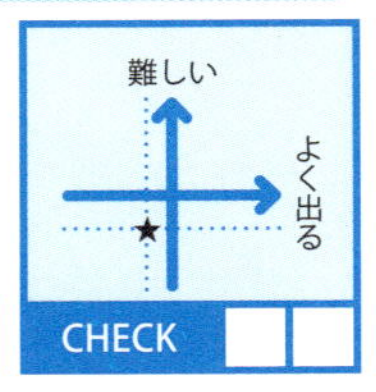

テストセンター　ペーパーテスティング　WEBテスティング

例題 ▶こんな問題が出る！

$y = x^2$、$y = 2x + 3$ のグラフがある。このとき、領域アを表すのに必要な条件をすべて選びなさい。

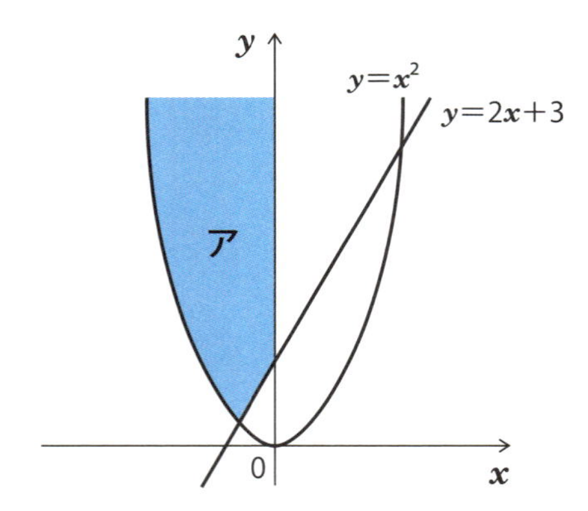

A　$y > x^2$　　B　$y < x^2$　　C　$y > 2x + 3$

D　$y < 2x + 3$　　E　$y > 3$　　F　$y < 3$

G　$y > 0$　　H　$y < 0$　　I　$x > 0$

J　$x < 0$　　K　A～Jの中だけでは表せない

着眼点

領域に接するグラフの「数」に注目

たった1分で解く

グラフをみると、x はつねに 0 より小さい。したがって、$x < 0$ が確定。
そして、領域は $y = 2x + 3$ のグラフの上。
ということは、y はつねに $2x + 3$ より大きな値をとる。
したがって、$y > 2x + 3$ も確定。
さらに、領域は $y = x^2$ のグラフの上側。これは $y > x^2$ を示す。
したがって、$x < 0$、$y > 2x + 3$、$y > x^2$ の 3 つとなる。

解答　A　$y > x^2$　　C　$y > 2x + 3$　　J　$x < 0$

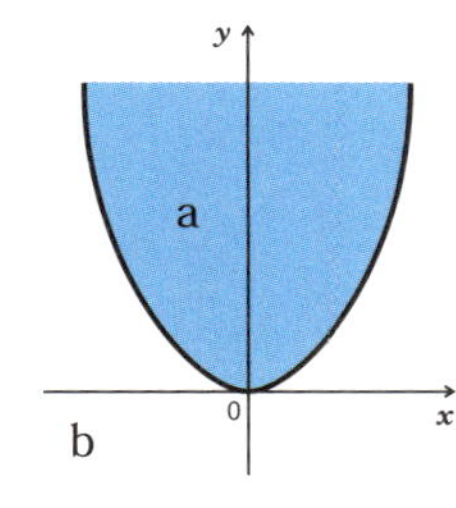

領域 a……$y > ax^2$
領域 b……$y < ax^2$

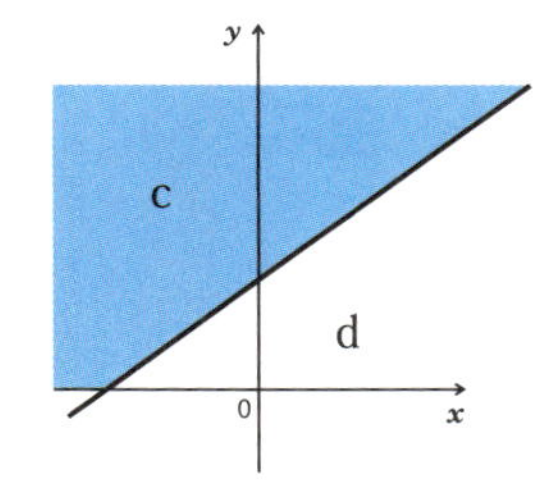

領域 c……$y > ax + b$
領域 d……$y < ax + b$

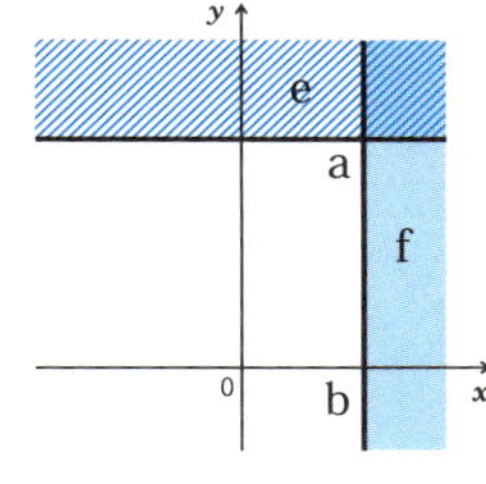

領域 e……$y > a$
領域 f……$x > b$

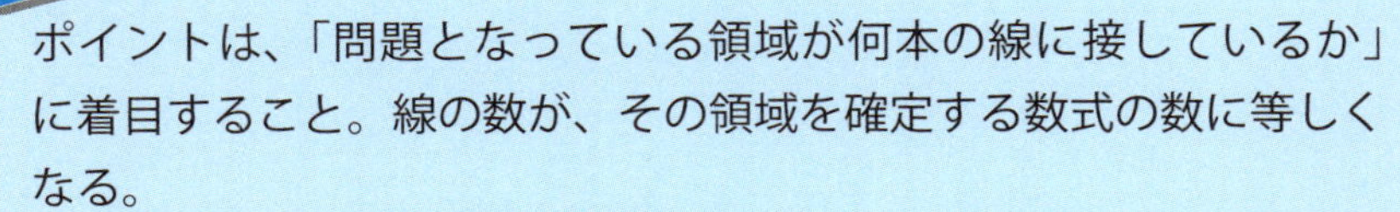

Point!

ポイントは、「問題となっている領域が何本の線に接しているか」に着目すること。線の数が、その領域を確定する数式の数に等しくなる。
例題でいうと、問題の領域は 3 本の線に接している。これらの線を示す数式は、それぞれ $y = x^2$、$y = 2x + 3$、$x = 0$。あとは不等号の向きがどちらになるかを確認すればよい。

LEVEL1 基本問題クリア！

合格圏 4 問中 4 問正解

CHECK

練習問題

▶ 解答・解説は別冊 50 〜 51 ページ

1 次のグラフは、$y=\mathrm{a}x^2$、$y=\mathrm{b}x+\mathrm{c}$、$y=\mathrm{d}$ を表している。

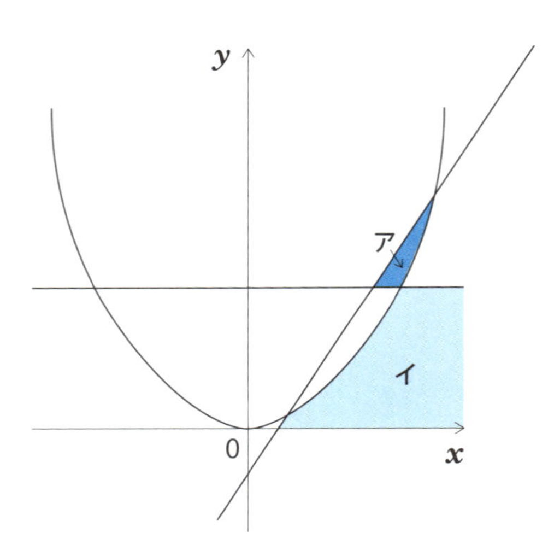

【1】 制限時間：1分

領域アを示すのに必要な数式をすべて選びなさい。

A	$y>\mathrm{a}x^2$	B	$y<\mathrm{a}x^2$	C	$y>\mathrm{b}x+\mathrm{c}$
D	$y<\mathrm{b}x+\mathrm{c}$	E	$y>\mathrm{d}$	F	$y<\mathrm{d}$
G	$y>0$	H	$y<0$	I	$x>0$
J	$x<0$	K	A〜Jの中だけでは示せない		

【2】 制限時間：1分

領域イを示すのに必要な数式をすべて選びなさい（選択肢は前問と同様）。

1 のヒント ▶▶▶ 領域を囲むグラフの数に注目。

2 次のグラフは、$y = ax^2$、$y = bx + c$、$y = d$、$x = e$ を表しており、$x > 0$ の領域をさらに細分化したそれぞれの領域に、アからサまでの記号を付している。

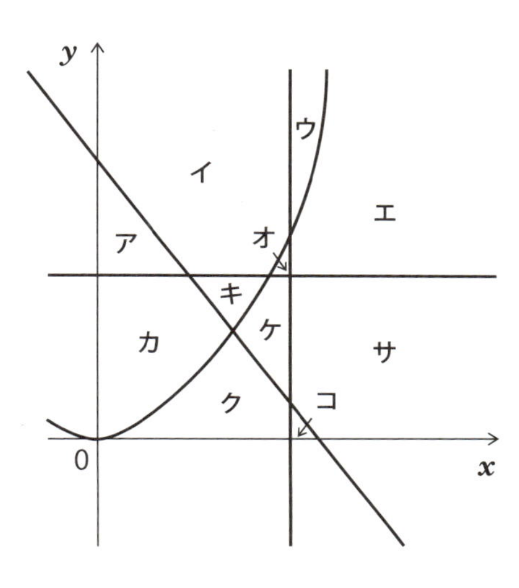

【1】 制限時間：2分

次の条件が表す領域に該当するものをすべて選びなさい。

$y < ax^2$　かつ　$y > d$　かつ　$x > e$

A	ア	B	イ	C	ウ	D	エ
E	オ	F	カ	G	キ	H	ク
I	ケ	J	コ	K	サ		

【2】 制限時間：2分

次の条件が表す領域に該当するものを、すべて選びなさい（選択肢は前問と同様）。

$y > ax^2$　かつ　$y < bx + c$　かつ　$x < e$　かつ　$y > d$

2 のヒント ▶▶▶ 該当する領域をひとつひとつピックアップしていく。

18 条件と領域

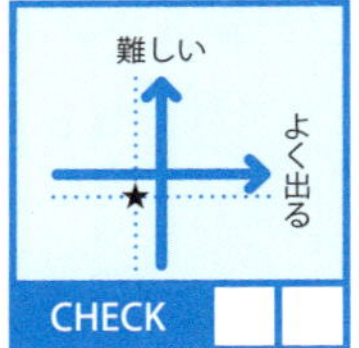

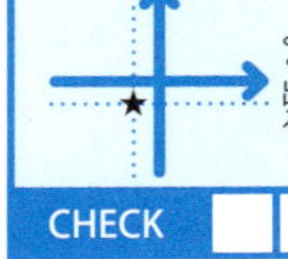

 テストセンター  ペーパーテスティング  WEBテスティング

例題 ▶こんな問題が出る！

ある遊園地のアトラクションは、1回の定員が次のように決まっている。

- 大人は3人以上8人以下
- 子供は6人以下。ただし大人の数を上回ってはならない

この条件をグラフで表すと、次のようになる。

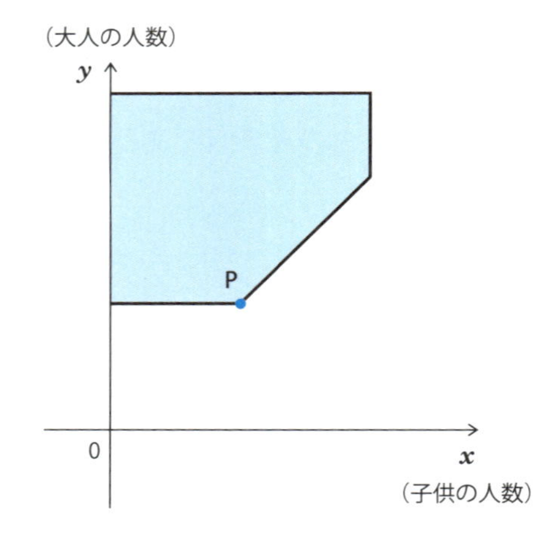

グラフ中の点Pについて、(x, y) の数値はいくらか。

A (1, 3)　**B** (2, 3)　**C** (3, 3)　**D** (4, 3)
E (3, 1)　**F** (3, 2)　**G** A～Fのいずれでもない

たった1分で解く

形がややこしいが、意味を理解していれば問題なく読み解けるはず。図の通りに、いくつか条件を足していく。
Pからのびる線とy軸の交点をQとすると、QP間のグラフは、$y=3$で固定されている。これは、大人が3人以上でなければならないという条件に由来するもの。点Qは（0，3）だが、子供がゼロでも大人は必ず3人以上でなければならないということである。

P斜め上のグラフが折れる点をRとすると、PR間のグラフは、大人と子供が同数になっている。これは、子供が大人の数を上回ってはいけないという条件を示している。

そして、Rから上にのびる線は$x=6$である。これは子供の数の上限が6人であることを示している。
そこで問題をみると、点Pは大人3人・子供3人の点である。

C　（3，3）

Point！

この種の問題は、テストセンターでは今まで出題されたことがないが、ペーパーテスティングでは定番である。
グラフが出てくるとアレルギー反応を示す文系学生も多いが、条件を図示しただけだと考えればさほど難しくはない。登場するグラフもほぼ直線だ。
とくにx軸、y軸に平行なグラフの式（x軸に平行なら$y=$a、y軸に平行なら$x=$a）の処理だけは注意しておこう。

LEVEL1 基本問題クリア！

合格圏 3 問中 3 問正解
CHECK

練習問題

▶ 解答・解説は別冊 52 ～ 53 ページ

1 P さんが収入印紙を買いに文房具店に行った。印紙は 600 円と 1000 円の 2 種があり、P さんは次のような条件を満たすように印紙を購入する。

- 600 円のものは 6 枚以上
- 1000 円のものは 5 枚以上
- 予算の上限は 20000 円

このとき、600 円のものの枚数を x、1000 円のものの枚数を y、P さんが購入できる枚数のグラフをグラフ a、$y = 11$ のグラフをグラフ b とすると、次のようになる。

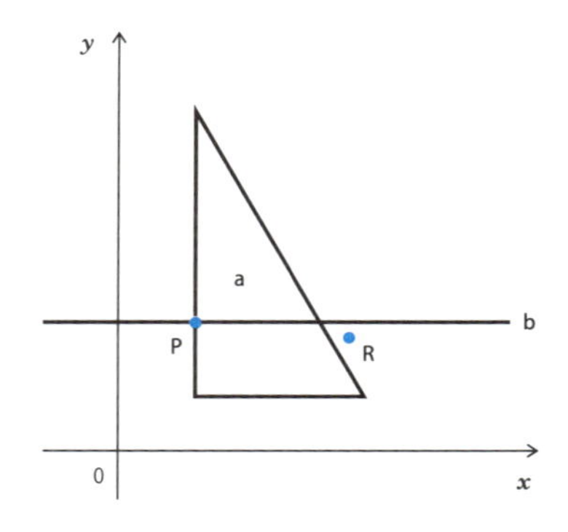

【1】 制限時間：2 分

グラフ a とグラフ b との交点 P における x の値はいくらか。

A 6	**B** 7	**C** 8	**D** 9
E 10	**F** 11	**G** A ～ F のいずれでもない	

 【1】のヒント ▶▶▶ x が最小値を取っている部分。

【2】 制限時間：1分

グラフ中の点Rは、条件を満たしていない。次のア、イ、ウのうち、点Rが満たしていない条件をすべて選びなさい。

ア．600円のものは6枚以上
イ．1000円のものは5枚以上
ウ．予算の上限は20000円

A　アのみ	B　イのみ	C　ウのみ	D　アとイ
E　アとウ	F　イとウ	G　アとイとウ	

【3】 制限時間：3分

「枚数の合計が20枚を超えない」の条件が加わった。このとき、グラフはもとの形と比べてどうなるか。正しいものを選びなさい。ただし、点線で示した領域はもとの条件のままのときのグラフを表す。

A

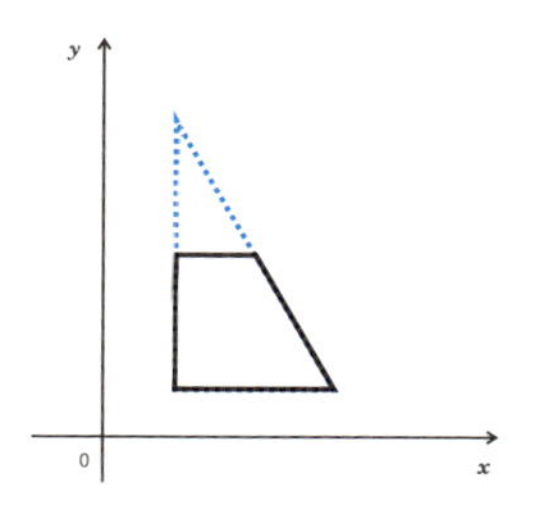

B

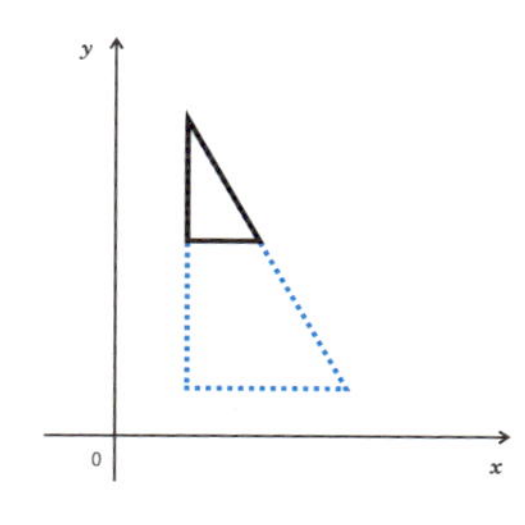

C

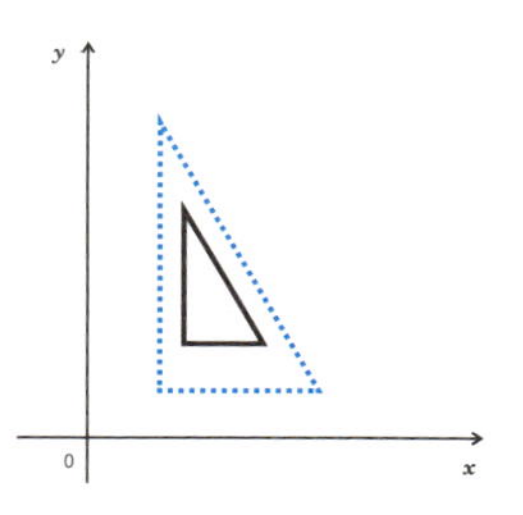

D

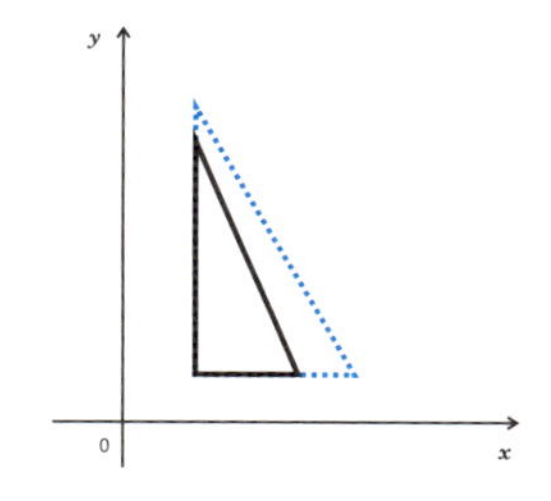

【3】のヒント ▶▶▶ 最少枚数は変わらない。

さまざまな機能を持つボックスで数値を出力する問題

19 ブラックボックス

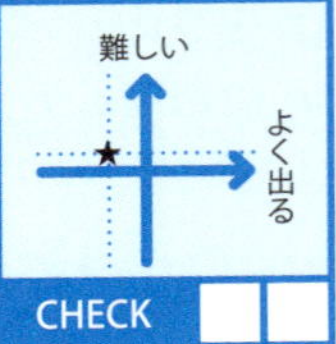
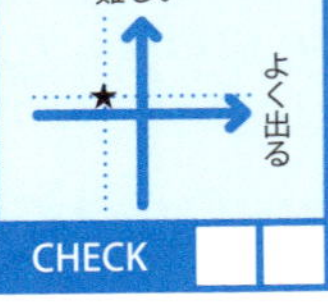

ペーパーテスティング

例　題 ▶ こんな問題が出る！

P、Qの2つのボックスがあり、それぞれ次のような機能がある。

P.　ボックスに入った2つの数値の和を出力する。

Q.　ボックスに入った2つの数値の積を出力する。

このとき、次の図がある。

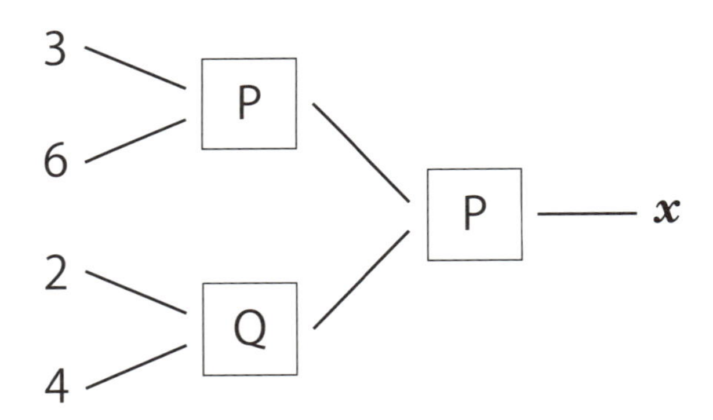

図中の x にあてはまる数値はいくらか。

A　15	B　17	C　23	D　24
E　26	F　30	G　A～Fのいずれでもない	

順番通りに解く

たった1分で解く

２つ目のＰにどの数字が入るかを考える。
１つ目のＰからは、３と６がＰに入った結果なので、３＋６＝９が出る。
Ｑからは、２と４がＱに入った結果なので、２×４＝８が出る。
したがって、９と８をＰに入れればいいので、９＋８＝17となる。

解　答　　**B**　17

Point！

例題はかなり易しくしている。本番はこれより難しい。とくに２つの数字を入れて出力した結果からそれぞれのボックスの機能を問うなど、かなりややこしい問題もある。
例えば、5と11を入れて6を出力するもの。これはたんに2つの数値の差を出力しているのでわかりやすい。
では、同様に5と11を入れて1を出力するとなるとどうだろう。これは、2つの数値の小さいほうで大きいほうを割って、その余りを出力するものだ（11÷5＝2...1）。
さらに、5と11を入れて96を出力するもの。これは、2つの平方（2乗）の差を出力している（$11^2-5^2=121-25=96$）。出力された数字が大きければ、積や平方に関する機能であることが多い。
加減乗除はもちろんのこと、商の余り、平方くらいまでありうると想定して準備しておきたい。パターンを探しているうちに時間を浪費してしまわないよう注意したい。

LEVEL1 基本問題クリア！

合格圏 3 問中 2 問正解

CHECK □□□

練習問題

▶ 解答・解説は別冊 54 ～ 55 ページ

1 P、Q、R の 3 つのボックスがあり、それぞれ次の機能がある。

P. ボックスに入った 2 つの数値の和を出力する。

Q. ボックスに入った 2 つの数値のうち、小さいほうで大きいほうを割ったときの商の余りを出力する。

R. （　　　　　　　　　　　　　　　　　）。

【1】 制限時間：3 分

次の図において、R の機能として考えられるものをすべて選びなさい。

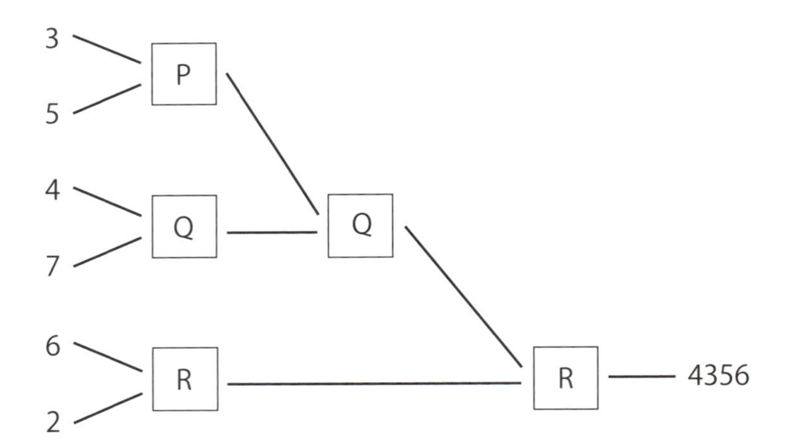

A　2 つの数値の和の平方を出力する。

B　2 つの数値の差の平方を出力する。

C　2 つの数値のうち大きいほうの立方（3 乗）を出力する。

D　2 つの数値の差の立方を出力する。

E　2 つの数値の平方の和を出力する。

【1】のヒント ▶▶▶ 大きな数字なので、R の持つ機能の可能性も限られる。

【2】 制限時間：3分

Rが、2つの数値の差の平方を出力することがわかっている。このとき、下図において、Nはいくらか。考えられるものをすべて選びなさい。

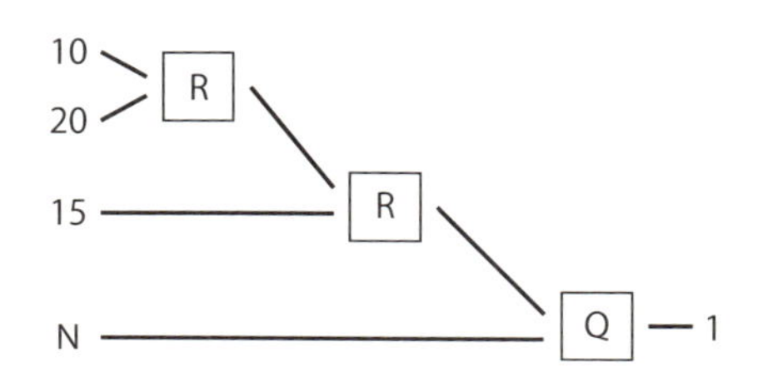

A 8　**B** 15　**C** 23　**D** 33
E 42　**F** 54　**G** A～Fのいずれでもない

【3】 制限時間：4分

Rが、2つの数値の和を差で割ったときの余りを出力することがわかっている。次の図において、成り立つものの組み合わせを選びなさい。

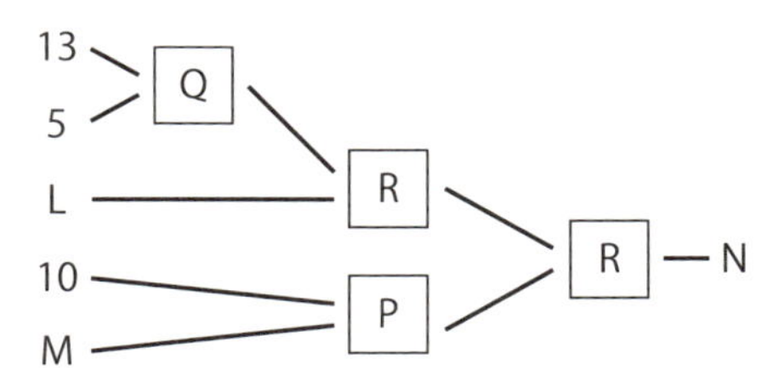

ア．L＝3　M＝5　N＝6
イ．L＝11　M＝15　N＝12
ウ．L＝20　M＝12　N＝4

A アのみ　**B** イのみ　**C** ウのみ　**D** アとイ
E アとウ　**F** イとウ　**G** アとイとウ

【2】のヒント ▶▶▶ 余りが1になるものを探すより、1小さい数で割り切れるものを探す。

順路の割合を図示した問題

20 モノの流れと比率

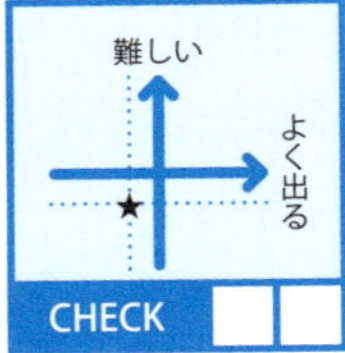

CHECK

テストセンター  ペーパーテスティング  WEBテスティング

例題 ▶こんな問題が出る！

次の図は、「P のうち a が Q であり、かつ Q のうち b が R である」ということを表している。したがって、Q ＝ P × a ＝ Pa と表すことができる。R ＝ Qb に式を代入して R ＝ Pab と表すこともできる。

P →(a) Q →(b) R

このとき、次の図がある。

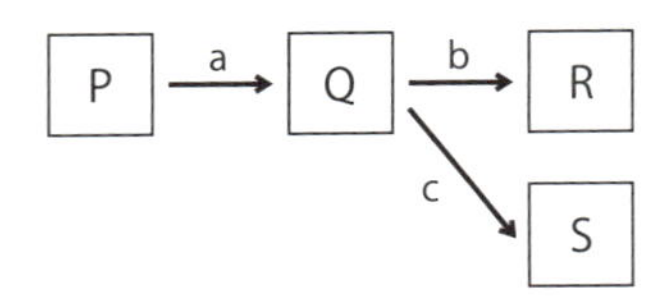

次のア、イ、ウのうち、S を表す式として正しいものの組み合わせを選びなさい。

ア . S ＝ Qc
イ . S ＝ Pac
ウ . S ＝ 1 － Rb

A アのみ　**B** イのみ　**C** ウのみ　**D** アとイ
E アとウ　**F** イとウ　**G** アとイとウ

たった1分で解く

まず、S = Qc なのは明らか。したがって、アは正しい。
また、Q = Pa なので、これをアに代入すると S = Pac となる。したがって、イも正しい。
ウは誤り。R = Qb であり、Rb を示すものは図にはない。

解　答　**D**　アとイ

Point！

大学生にはあまりなじみのない図だと思われるので、例題は簡素化している。実際の SPI ではもう少し複雑だが、それでも要素と割合を追うだけなので、さほど難しくはないはずだ。

もうひとつ例を見てみよう。

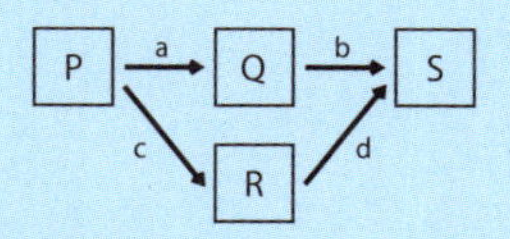

この場合は、S = Qb + Rd となる。このとき、Q = Pa、
R = Pc なので、これをそれぞれ代入すると、S = Pab + Pcd となる。
これは、共通因数 P をまとめて S = P（ab + cd）と表せる。
このように共通因数があれば因数分解することも忘れない。
さらに、「P = 1000、a = c = 50%、b = 70%、d = 20% のとき、S はいくらか」といった計算問題が出ることも多いが、順番に計算していけばよい。ちなみに上の図にそれぞれの数値をあてはめると、S = 450 となる。

LEVEL1 基本問題クリア！

合格圏 4 問中 3 問正解

CHECK □□□

練習問題

▶ 解答・解説は別冊 56 ～ 57 ページ

1 次の図について、以下の問いに答えなさい。

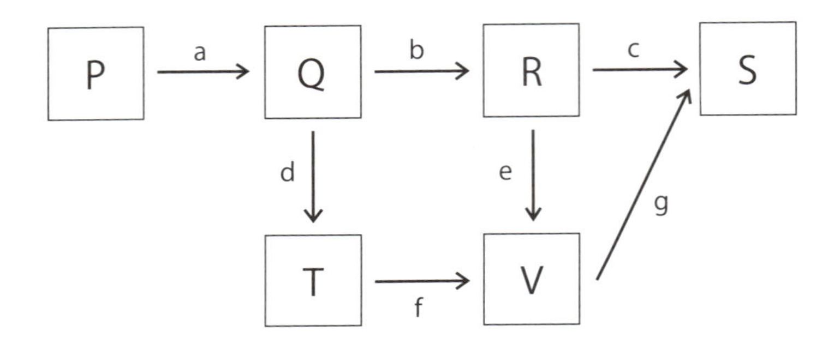

【1】 制限時間：2分

次のア、イ、ウのうち、正しいものの組み合わせを選びなさい。

ア．V ＝ Q（b ＋ d）
イ．V ＝ Q（be ＋ df）
ウ．V ＝ P（abe ＋ adf）

A アのみ　**B** イのみ　**C** ウのみ　**D** アとイ
E アとウ　**F** イとウ　**G** アとイとウ

【2】 制限時間：3分

S ＝ 126、T ＝ 0、c ＝ 30%、e ＝ 60%、g ＝ 25% のとき、R はいくらか。

A 160　**B** 184　**C** 240　**D** 256
E 280　**F** 296　**G** A ～ F のいずれでもない

【2】のヒント ▶▶▶ 条件で与えられた数値だけで方程式をつくる。

【3】 制限時間：4分

次のア、イ、ウのうち、正しいものの組み合わせを選びなさい。

ア．$S = Q(bc + beg + dfg)$
イ．$S = P(abc + dfg)$
ウ．$S = Pabc + Pag(be + df)$

A アのみ　**B** イのみ　**C** ウのみ　**D** アとイ
E アとウ　**F** イとウ　**G** アとイとウ

【4】 制限時間：2分

$T > R$ であることがわかった。このとき、次のア、イの記述で正しく述べたものを選びなさい。

ア．$d > b$ である
イ．$Re > Tf$ である

A アもイも正しい。
B アは正しいがイはどちらともいえない。
C アは正しいがイは誤り。
D アはどちらともいえないがイは正しい。
E アもイもどちらともいえない。
F アはどちらともいえないがイは誤り。
G アは誤りだがイは正しい。
H アは誤りだがイはどちらともいえない。
I アもイも誤り。

【3】のヒント ▶▶▶ Pをもとにした式を基準にア～ウを検証する。

Column-4

同じ問題が出る可能性もある！

136ページのコラムで、SPIは複数回受けるべきだと述べました。その狙いは環境に慣れておき、実力を発揮しやすくすることです。

それともうひとつ、何度も受けると同じ問題に当たる確率が上がる、という点も見逃せません。

この事実は、SPIの公式ウェブサイトでも「少ない確率ながら、受検者がまったく同じ問題のテストを複数回受検してしまう可能性が出てきます」と記されています。テストとしては欠陥かもしれませんが、200万人程度が受けるとなると致し方ないのかもしれません。

ただし、ここでいわれている「少ない確率」というのはいささか大げさです。同じ問題に合う確率は、思いのほか高いのです。

実際に3日間で4回のテストセンターを受けたある大学生（もちろん4回とも異なる企業を志望しての受検）は、4回目は全体の半分近くが一度見たことのある問題だった、と話しています。さらに1日に2回受検し、1回目に出た問題が2回目でも出たという例や、友人と同じ問題だったという例もあります。

テストセンターは受検者の正答レベルによって出る問題が異なります。ということは、同じ人（あるいは同じような知的レベルの人）が何度も受けると同じような結果になるはずなので、同じ問題が出る確率は上がります。

もちろん、必ず同じ問題が出るという保証はないので、それを目指して何度も受けるというのはナンセンスです。ただ、本番で解けなかった問題を受検後に復習するというのは次の受検に対する有効な手立てかもしれません。

5章
言語問題

21 同意語・反意語

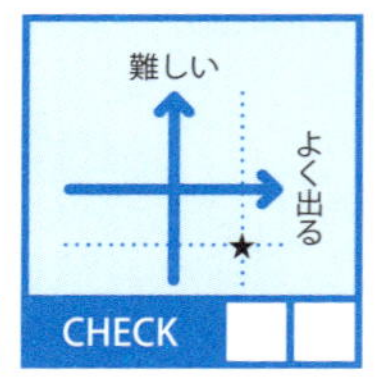

✓ テストセンター ✓ ペーパーテスティング WEBテスティング

例題 ▶こんな問題が出る！

1 次に示した語句に対して同じ意味となる語句を、A～Eの中から1つ選びなさい。

【1】

廉価

A 定価　B 安価　C 価格　D 高価　E 物価

【2】

通暁

A 朝日　B 熟知　C 徹底　D 近道　E 通信

2 次に示した語句に対して反対の意味となる語句を、A～Eの中から1つ選びなさい。

【3】

協力

A 暴力　B 排除　C 妨害　D 孤独　E 優遇

たった1分で解く

【1】

「廉」の字には、それ自体に価格が安いという意味がある。ソフトウェアなどで、機能が制限された普及版を「廉価版」ということがある。
またこの字には、清く正しいという意味もある。「清**廉**潔白」という四字熟語が代表例だ。

解　答　　B　安価

【2】

「通暁（つうぎょう）」は超頻出。特定の分野のことを深く知っているという意味で、「精通」や「熟知」が同意語として挙げられる。
「暁」は明け方のことで、本来、「通暁」は徹夜するという意味だった。それが転じて、物事を究めることをそうよぶようになった。

解　答　　B　熟知

【3】

「協力」の反意語は「妨害」。よく問われるので、セットで覚えておこう。

解　答　　C　妨害

Point！

この分野は細かいニュアンスまで問われるので、ふだんから言葉に慣れ親しんでおかないと少々厄介である。例題・練習問題では頻出語を中心にまとめたので、しっかりチェックしておきたい。

LEVEL1 基本問題クリア！

合格圏 18 問中 16 問正解

CHECK □□□

練習問題

▶ 解答・解説は別冊 58 ～ 60 ページ

1 制限時間：1 分

次に示した語句に対して同じ意味になる語句を、A ～ E の中から 1 つ選びなさい。

【1】

揶揄

A　愚弄
B　非難
C　罵倒
D　軽蔑
E　論破

【2】

中枢

A　重視
B　核心
C　拠点
D　基盤
E　焦点

【3】

機敏

A　迅速
B　機知
C　諧謔
D　火急
E　器用

2 制限時間：1 分

次に示した語句に対して反対の意味となる語句を、A ～ E の中から 1 つ選びなさい。

【1】

婉曲

A　湾曲
B　間接
C　露骨
D　論旨
E　遠路

【2】

軽率

A　拙速
B　困難
C　早世
D　熟練
E　慎重

【3】

騰貴

A　安価
B　下落
C　俗物
D　反正
E　原本

2【3】のヒント ▶▶▶ 株価や為替相場が大きく値下げすることを何という？

3 制限時間：1分

ア、イ、ウで示した2つの語句が、同意語の関係になるものはどれか。その組み合わせを下の選択肢から1つ選びなさい。

【1】
ア．作用：機能
イ．順序：次第
ウ．得手：得心

【2】
ア．明細：内訳
イ．不服：反論
ウ．来歴：由緒

【3】
ア．巧緻：精密
イ．指揮：指図
ウ．変遷：沿革

【4】
ア．隠蔽：排除
イ．風潮：傾向
ウ．没頭：専心

【5】
ア．突然：不意
イ．幻想：錯覚
ウ．短縮：節倹

【6】
ア．知恵：悟性
イ．衝動：激情
ウ．検討：吟味

4 制限時間：1分

ア、イ、ウで示した2つの語句が、反意語の関係になるものはどれか。その組み合わせを下の選択肢から1つ選びなさい。

【1】
ア．雌伏：雄飛
イ．緊張：弛緩
ウ．傲慢：厚顔

【2】
ア．尊敬：侮辱
イ．記名：匿名
ウ．絶賛：酷評

【3】
ア．進出：撤退
イ．背徳：善行
ウ．獲得：喪失

【4】
ア．仔細：概要
イ．乾燥：湿潤
ウ．受諾：拒絶

【5】
ア．狭量：広量
イ．興隆：衰亡
ウ．挫折：貫徹

【6】
ア．完全：欠如
イ．遮蔽：露出
ウ．存置：廃止

選択肢はすべて下記の通り。
A アのみ　**B** イのみ　**C** ウのみ　**D** アとイ
E イとウ　**F** アとウ　**G** アとイとウ

3【1】のヒント▶▶▶作用：機能は相手を必要とする？しない？

二語関係

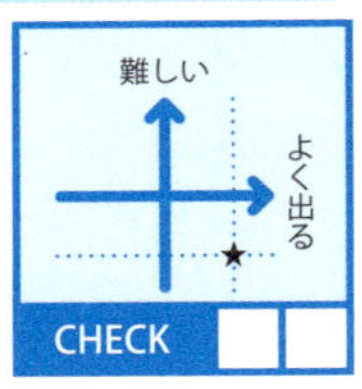

✓ テストセンター　✓ ペーパーテスティング　WEBテスティング

例題 ▶こんな問題が出る！

最初に示した2つの語句と同じ関係になるよう、次に示した語句と対になるものを選びなさい。

【1】
ウーロン茶：飲料
ギター：(　　)

A　ギタリスト
B　音楽
C　楽器
D　楽譜
E　演奏

【2】
理髪店：調髪
ウエートレス：(　　)

A　レストラン
B　白衣
C　調理
D　給仕
E　キッチン

着眼点

関係性を文章で表し、同じように表せるものを選ぶ

たった1分で解く

【1】

このような問題は、まず2つの言葉の関係を文にして表してみる。
ウーロン茶と飲料の関係は、ウーロン茶は飲料の一種である、といえる。
同様にいえる2つの言葉の組み合わせを、選択肢から探せばよい。
すると、ギターは楽器の一種である、といえる。Cが正しい。

解　答　C　楽器

【2】

理髪店の仕事は調髪である、といえる。これと同じ関係のものを探す。
ウエイトレスの仕事は、給仕である。給仕とは、食事の席で客や主人の世話をする人、もしくはその仕事のこと。最近ではあまり使われないが、SPIでは超頻出。「ウエーター、ウエートレスの仕事は給仕」と覚えてしまおう。

解　答　D　給仕

SPIに頻出の二語関係

用途関係	AはBのために用いるものである。	はさみ：切断
原料関係	Aの原料はBである。	しょうゆ：大豆
役割関係	Aの役割（仕事）はBである。	俳優：演技
包含関係	AはBの一種である。	銀行：金融機関
並立関係	AもBも○○の一種である。	ぶどう：梨
同意語関係	AはBの同意語である。	独断：一存
反意語関係	AはBの反意語である。	安心：心配

LEVEL1 -1 基本問題クリア！

合格圏 10 問中 10 問正解

CHECK □□□

練習問題

▶ 解答・解説は別冊 61 ～ 62 ページ

1 制限時間：2 分

最初に示した 2 つの語句と同じ関係になるよう、次に示した語句と対になるものを選びなさい。

【1】

景色：風景
独白：（　　）

A　純白
B　孤独
C　告白
D　ひとりごと
E　独唱

【2】

バイエルン：ドイツ
チェチェン：（　　）

A　ロシア
B　アメリカ
C　APEC
D　モスクワ
E　サンクトペテルブルク

【3】

内通：裏切り
上梓：（　　）

A　出版
B　広報
C　演説
D　主張
E　遺言

【4】

コック：調理
ブリーダー：（　　）

A　治療
B　繁殖
C　一時預かり
D　販売
E　美容

【4】のヒント ▶▶▶ 正解に近いものが 2 つに絞られるが、どちらが適当かを考える。

【5】

パン：小麦
マヨネーズ：（　　）

A　卵黄
B　マスタード
C　砂糖
D　攪拌
E　タルタルソース

【6】

EU：オランダ
ASEAN：（　　）

A　シンガポール
B　インド
C　オーストラリア
D　マカオ
E　香港

【7】

チーズ：牛乳
煎餅：（　　）

A　おやつ
B　炭火
C　菓子
D　米
E　しょうゆ

【8】

灌木：喬木
共存共栄：（　　）

A　経世済民
B　四面楚歌
C　弱肉強食
D　右往左往
E　起死回生

【9】

ピアニスト：演奏
審判：（　　）

A　野球
B　行事
C　判定
D　スポーツ
E　裁判

【10】

数学：哲学
弥生：（　　）

A　太陽暦
B　陰暦
C　文月
D　3月
E　春分

【8】のヒント▶▶▶低い木と高い木。

LEVEL1 -2 基本問題クリア！

合格圏 12 問中 12 問正解

CHECK □□□

練習問題

▶ 解答・解説は別冊 62 〜 63 ページ

2 制限時間：2 分

最初に示した 2 つの語句と同じ関係になるよう、次に示した語句と対になるものを選びなさい（選択肢はすべて右ページ下部枠内に倣う）。

【1】

心臓：内臓

ア．野球：球技
イ．俳優：演技
ウ．選手：監督

【2】

迂回：直行

ア．釈明：弁解
イ．形式：内容
ウ．全容：寛容

【3】

哺乳類：イヌ

ア．両生類：カエル
イ．爬虫類：ヘビ
ウ．魚類：イルカ

【4】

イチゴ：リンゴ

ア．炊事：家事
イ．掃除：洗濯
ウ．料理：台所

【5】

定規：計測

ア．付箋：書籍
イ．筆箱：万年筆
ウ．のり：接着

【6】

キリスト教：宗教

ア．胡椒：香辛料
イ．牛肉：ステーキ
ウ．味噌：大豆

【3】のヒント ▶▶▶ 爬虫類の「爬」には「地面を這う」という意味がある。

【7】
冷蔵庫：保存

ア．電子レンジ：加熱
イ．フライパン：鍋
ウ．塩：調味料

【8】
説明：解説

ア．修辞：形容
イ．散文：韻文
ウ．箴言：苦言

【9】
包帯：保護

ア．外套：防寒
イ．背広：スーツ
ウ．マフラー：カシミア

【10】
南欧：ギリシャ

ア．北欧：スウェーデン
イ．東欧：ルーマニア
ウ．西欧：ポルトガル

【11】
ワイン：ぶどう

ア．十円硬貨：銅
イ．セメント：石灰石
ウ．アスファルト：石油

【12】
絶対：相対

ア．時代劇：新派劇
イ．謙虚：横柄
ウ．伝記：伝聞

選択肢はすべて下記の通り。

A　アのみ　B　イのみ　C　ウのみ　D　アとイ
E　アとウ　F　イとウ　G　アとイとウ

【11】のヒント ▶▶▶ 石油を生成する過程で出る化学物質がアスファルトになる。

23 語句の意味

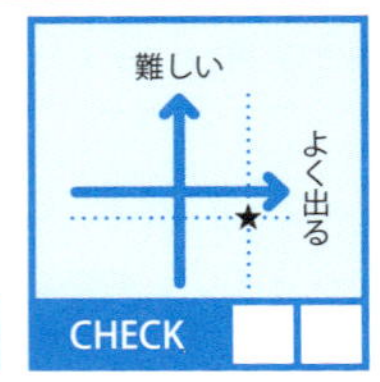

 テストセンター　✓ ペーパーテスティング　 WEBテスティング

例題 ▶こんな問題が出る！

【1】
次の意味にあてはまる語句を選びなさい。

へりくだる気持ちがなく、思い上がっている様子。

A　不遜　　B　強情　　C　慢性　　D　果敢

【2】
次の言葉と意味が適合するものを選びなさい。

諫言

A　教訓の意味を持つ短い言葉。
B　目上の人に忠告する言葉。
C　他人を深く傷つける言葉。
D　相手の誤りや欠点を厳しくただす言葉。

着眼点

漢字の意味から発想する！

たった1分で解く

【1】

「不遜（ふそん）」は、へりくだる気持ちがないこと。「遜」は「謙遜」のように、へりくだる・相手を尊重する意味。それがないのが「不遜」。また、同じ意味で「傲岸（ごうがん）不遜」という四字熟語もある。これはしばしば「傲顔不遜」「傲慢不遜」などの誤りがあるので、正しい表記に注意。「傲」は訓読みでは「おご（る）」と読む。「傲岸」の「岸」は、切り立った高い崖を表しており、「傲岸」は思い上がっている度合いが高い崖にも匹敵するほどだ、のような意味になる。

解答　A　不遜

【2】

「諫言（かんげん）」は、目上の人の過ちなどを指摘して忠告すること。「諫」は訓読みでは「いさ（める）」と読む。もともとは主に目上の人に対して忠告することだが、最近では上下関係のない間柄でもよく使われる。ただし、本来の意味からは外れるため、失礼に当たる場面もあるので注意しよう。「論文について先生からの諫言を参考に手直しする」などというと、厳密には先生より自分のほうが目上の立場になってしまう。

解答　B　目上の人に忠告する言葉。

Point！

この分野の対策にはふだんからボキャブラリーを増やしておく努力が一番だ。知らない言葉は辞書を引くべきだが、「諫言」を引いて「諫める」も確認するなど、ボキャブラリーを広げる工夫も心がけたい。

LEVEL1 基本問題クリア！

合格圏 7 問中 6 問正解

CHECK □□□

練習問題

▶ 解答・解説は別冊 64 ページ

1

制限時間：2 分

次の意味にあてはまる語句を選びなさい。

【1】

外形だけがあるものの、実質的な意味を失っていること。

A　骨格　　B　形骸　　C　外郭　　D　枠組み

【2】

取るに足らないもの。

A　小物　　B　微細　　C　亡羊　　D　塵芥

【3】

誰かわからない相手を呼び止めて問いただすこと。

A　尋問　　B　誰何　　C　紛糾　　D　審訊

【4】

きれいさっぱり、すっかりと取り除くこと。

A　排除　　B　厳浄　　C　整除　　D　払拭

【1】のヒント ▶▶▶ 実質的な意味がない、のニュアンスを含むものはどれ？

2 制限時間：2分

次の言葉と、意味が適合するものを選びなさい。

【1】

一瞥

A　少しだけちらっと見ること。
B　心から軽蔑した目で見ること。
C　一目で広く見渡すこと。
D　おおよその大意を把握すること。

【2】

輔弼

A　万が一の事態に備えること。
B　近くに控えて助けること。
C　主たる主張の説得力を増すための証拠や例示のこと。
D　他人の過ちをただし、あるべき方向に導くこと。

【3】

領袖

A　ゆったりとしたサイズの衣服のこと。
B　金銭を支払った証明となる書類のこと。
C　集団における指導者となる人物のこと。
D　自国の法律や慣習が及ぶ地域のこと。

【3】のヒント▶▶▶衣服の襟（えり）を「領」と表記することがある。

24 複数の意味

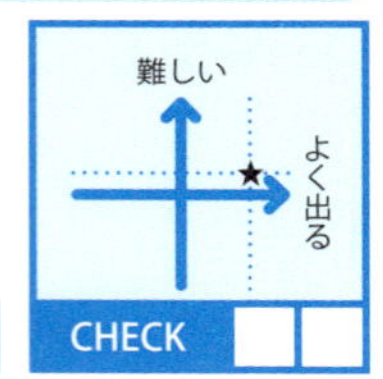

✓ テストセンター ✓ ペーパーテスティング ✓ WEBテスティング

例題 ▶こんな問題が出る！

次の文の下線部と同じ用法 / 意味のものを選びなさい。

【1】

母が帰ってきた。

A　私は中学時代、野球部だった。
B　ようやく宿題が終わったところだ。
C　たいしたことないのに大騒ぎするな。
D　故障した機械を修理する。

【2】

大学で文学をおさめた。

A　コンサートはようやく歌いおさめた。
B　対立を経て結局、両者とも矛をおさめた。
C　教養をおさめるには読書が最適だ。
D　それ以降は新しい国王が国をおさめた。

着眼点

別の言葉に言い換えられるか、同じ漢字に書き換えられるかをチェック！

たった1分で解く

【1】

助動詞「た」の用法の問題。完了、過去、存続の３つがある。
例文は完了の助動詞。この場合は、「ちょうど」を補える。「母がちょうど帰ってきた」といっても意味上は同じである。
Ａは過去の助動詞。「昔」「かつて」など時期を示す言葉を補える（「中学時代」など、最初からついていることも多い）。
Ｂは完了の助動詞。これが正解。
Ｃは連体詞「たいした」の一部。
Ｄは存続の助動詞。「ている」と言い換えられる。「故障している機械」など。「文字がプリントされた鞄」のように、名詞を導くことが多いのも特徴だ。

解答　B　ようやく宿題が終わったところだ。

【2】

「修める」「収める」「納める」「治める」の用法の問題。
例文は「修める」。学業などを身につけるという意味。Ｃも同じ。
Ａは「納める」。終わりを表す。「見納め」「仕事納め」のように用いることもある。
Ｂも「納める」だが、こちらは片づけるという意味。「収納」で熟語があるように、「収める」も使える。
Ｄは「治める」。統治するという意味。

解答　C　教養をおさめるには読書が最適だ。

LEVEL1 基本問題クリア！

合格圏 9 問中 8 問正解

CHECK □□□

練習問題

▶ 解答・解説は別冊 65 ～ 66 ページ

1 制限時間：4 分

次の文の下線部と同じ用法 / 意味のものを選びなさい。

【1】

板書をノートにうつす。

A 鏡に自分をうつす。
B 試験管を冷蔵庫にうつす。
C スクリーンに映像をうつす。
D 友人の解答を丸ごとうつす。

【2】

午後から雨が降るそうだ。

A 彼はいかにも仕事ができそうだ。
B 彼女は本当にやさしそうだ。
C もうすぐ仕事もおわりそうだ。
D 母の体調がよくなったそうだ。

【3】

この席をあけてくれ。

A 旅行で家をあける。
B 新しい年があけた。
C 今年ももうすぐ梅雨があける。
D 入り口の扉をあけた。

【4】

身のほどをわきまえる。

A 思ったほどひどい雨ではなかった。
B ふざけるにもほどがある。
C 真偽のほどを確かめる。
D 彼はほどなくして戻ってきた。

【2】のヒント ▶▶▶ 他人から聞いたこと？　自分でそう考えたこと？

【5】

宝石ではなく<u>ただ</u>の石だ。

A 捕まったら<u>ただ</u>では済まない。
B <u>ただ</u>ならぬ雰囲気を察する。
C <u>ただ</u>ひたすらに集中する。
D 二十歳過ぎれば<u>ただ</u>の人。

【6】

想定<u>より</u>はるかに高い山。

A <u>より</u>いっそう努力すべきだ。
B 私<u>より</u>君のほうが適任だ。
C 逃げる<u>より</u>外はない。
D 腕に<u>より</u>をかけて料理をつくる。

【7】

花<u>が</u>美しく咲いている。

A 急いだんだ<u>が</u>、間に合わなかった。
B あの人<u>が</u>犯人です。
C 日本の国歌は『君<u>が</u>代』だ。
D はやく帰ってテレビ<u>が</u>観たい。

【8】

<u>うま</u>くいくといいんだが。

A <u>うま</u>いものが食べたい。
B <u>うま</u>い話にだまされるな。
C 彼女は歌が<u>うま</u>くなった。
D 新しい仲間と<u>うま</u>くやっていく。

【9】

<u>あと</u>で悔やむなよ。

A 私の順番はもっと<u>あと</u>でいい。
B 電車が<u>あと</u>から<u>あと</u>から来る。
C <u>あと</u>の始末は誰がするんだ。
D 彼女は半年<u>あと</u>に卒業する。

【8】のヒント ▶▶▶ 問題文の「うまい」はどう言い換えられる？

25 空所補充

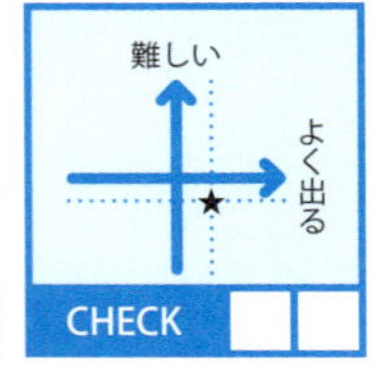

 テストセンター  ペーパーテスティング WEBテスティング

例題 ▶こんな問題が出る！

次の文章を読み、下の問いに答えなさい。

　学生運動の誤りのひとつに、出発点を見失ったことがあったといえる。もともとは権力的民主主義に対する批判から出発していたのに、バリケードで封鎖された小部屋にとどまるうちに、仲間に対する連帯意識が芽生え、確立していく。一方で小部屋の外には、バリケードを破壊して侵入しようとする公権力がある。そのような単純な二分法的状況では、小部屋に仲間とともにとどまり続けることそのものが自己目的化する。そのため、権力的民主主義に対する批判は（　　）、自己を守り通すための闘争へと転化していってしまったのである。

文章中の空欄に入る適切な語句を選びなさい。

A　忘れ去られ
B　より先鋭化し
C　さらなる目的を目指して
D　新たな批判根拠を得て

着眼点

文章とまったく矛盾しない語句を選ぶ

たった1分で解く

学生運動の目的が変容していく過程を述べている文章である。
もともとは権力的民主主義に対する批判だったのが、仲間たちと連帯して小部屋にとどまるうちに、そこに権力が侵入するのを防ぐことが自己目的化した、という論調である。
こうした流れをみると、要するに当初の目的であった権力的民主主義に対する批判が、いつの間にかどこかに行ってしまい、自己防衛が目的になっていったことを述べていると見当がつく。
選択肢の中でそれに近いものはＡしかない。

Ａ　忘れ去られ

Point !

文章もそれほど長くなく（短いものだと２～３行程度）、大意も把握しやすいものが多い。
といって解答しやすいかというと、そうでもない。文章が短い分、ヒントが少ないからだ。
これらの問題を解くポイントは「文章のどの部分とも矛盾しないものを選ぶ」こと。適切なものを選ぶというより、不適切なものを外していって、最後に残ったものを解答とする、というスタンスで臨むほうが合理的だ。
例題でも、権力的民主主義に対する批判という観点はスポイルされていったのだと想像がつく。となると、これに対して肯定的なＢ・Ｃ・Ｄは落とせる。解答を導く習慣をこのようにしてつけておくと、スムーズに解答できるようになるはずだ。

LEVEL1 基本問題クリア！

合格圏 2 問中 2 問正解

CHECK

練習問題

▶ 解答・解説は別冊 67 ページ

1 次の文章を読み、下の問いに答えなさい。

ある国では、警察は殺人事件があると、捜査に着手した時点で資料を作成する。このとき、被害者の氏名・性別・年齢・職業・住所などはすぐにわかるが、犯人との関係は初期ではわからないことが多い。したがって資料には、「犯人との関係：不明」と記入する。しかし「不明」はしばしば「無関係」と混同される。そのためこの殺人事件統計を見た記者たちは、「犯人が無関係の人物を殺した」と報道してしまい、それが確定してしまう。このような問題がひとたび起きると、（　　）ようなミスが起こる危険も充分考えられる。

【1】 制限時間：1 分

文章中の空欄に入る適切な文を選びなさい。

A 互いに知り合いだった犯人と被害者が、無関係だったかどうかわからないとされる

B 互いに無関係だった犯人と被害者が、無関係だったかどうかわからないとされる

C 互いに知り合いだった犯人と被害者が、無関係だったとされる

D 互いに無関係だった犯人と被害者が、知り合いだったとされる

1 のヒント ▶▶▶ 知人だったり縁者だったりがあとでわかった場合は？

2 次の文章を読み、下の問いに答えなさい。

欧米では、二人称はたいがい1つしかない。英語では「you」であり、これは親が子供を叱るときでも、裁判官が被告人を訊問するときでも、議員が大統領に質問するときでも同じである。

一方で日本では、例えば34歳の男性小学校教師がいるとする。結婚していて子供が1人。妹が1人。彼は、いくつも自分のよび名を持っている。「あなた（妻から）」「君（上司から）」「先生（生徒から）」「兄さん（妹から）」「パパ（子供から）」など。もちろん、これだけにとどまらない。

つまり日本では、自分が何者であるかは、「相手にとって」自分が何者であるかと同義であり、それによって自我が決定されるのである。より噛み砕いていえば、「自分が何者か」という問題は、「相手が何者か」という前提に（　　）、というのが日本人の自我構造の特殊なポイントである。

【1】 制限時間：1分

文章中の空欄に入る適切な語句を選びなさい。

A　依拠する
B　同一化する
C　執着する
D　混同する
E　並行する

2 のヒント ▶▶▶ それによって決まる、という意味。

文章整序

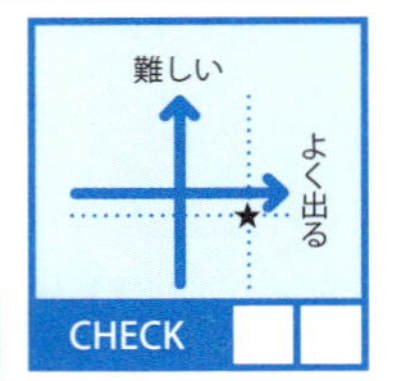

 テストセンター　ペーパーテスティング　 WEBテスティング

例　題　▶こんな問題が出る！

ア～オを、意味が通るように並べ替えて最後の文につなげる場合、オの次にくるものを選びなさい。

ア．非効率的なサービス提供が続けば、必要な介護労働者数が伸び続け、人件費負担も大きくなるでしょう。

イ．介護保険財政を効率的に進めるには、介護スタッフが適切なサービスを効率的に提供できるような環境が不可欠です。

ウ．そうなれば、介護スタッフを退職する人も減るでしょうし、新しく介護スタッフを目指す人も増えるかも知れません。

エ．一方で効率的なサービスが提供できれば、人件費負担も抑えられますし、スタッフの給与水準も上がります。

オ．なぜなら、介護サービスにかかる費用は人件費が中心であり、介護報酬も人件費が基礎となって設定されているからです。

したがって、介護サービスを簡素化し、誰でも適切な水準のサービスを効率的に提供できるようになることが、一番の課題であるといえます。

A　ア　　**B**　イ　　**C**　ウ　　**D**　エ　　**E**　オが最後

たった1分で解く

エ「一方で」に注目。「一方で効率的なサービスが提供できれば」と述べているので、直前にはこれと対比するものが入るはず。
したがって、**ア**「非効率的なサービス提供が続けば～」が続く。ここで、**ア**－**エ**という流れができる。

次に**ウ**に注目。「そうなれば」とは、どうなることを指すかを考える。文脈上、直前には明らかに介護労働者にとって有利なことが述べられているはず、と考えると、**エ**しかない。したがって、**ア**－**エ**－**ウ**になる。

また**オ**は、「なぜなら」で始まるから、直前に述べられていることの理由になっているはず。**イ**－**オ**とすれば、流れもよい。これを冒頭におけばよい。
したがって、**イ**－**オ**－**ア**－**エ**－**ウ**の流れになる。

A ア

Point!

解法パターンはいろいろあるので、どれか1つに固執する必要はない。問題ごとにアプローチを試みて、どれがしっくりくるかを探ればよい。手持ちの武器は多いほうがいいからだ。
例題では接続詞から探るアプローチを紹介したが、これ以外にも指示語から探る、理由と結論の関係から探る、文末と文頭の結び受けの関係から探る、といったアプローチが考えられる。
問題を解いてみて正解かどうか確認するだけでなく、たとえ正解した問題でも、別のアプローチで解答を導けるかどうか試してみるのもいいだろう。

LEVEL1 基本問題クリア！

合格圏 3 問中 3 問正解
CHECK □□□

練習問題

▶ 解答・解説は別冊 68 ページ

1 次の文章を読み、下の問いに答えなさい。

能は、その発生期には、一つの共同体の農耕儀礼としての祭事と密接に関連していた。それが時代とともに変化発達して演劇となった。共同体の祭事と関係が深かったものが、なぜそこから離脱して演劇という一般的な形式にまで高められたのか。

【1】 制限時間：1分

この文章に続いて、ア〜オを意味が通るように並べ替えた場合、イの次にくるものを選びなさい。

ア．そのとき、見られる方もこれは演技として見せていこうという、演技意識が発生したのだ、と柳田は言う。

イ．信仰を等しくしない者が観客として出てきた、そして見るようになった。

ウ．信仰を等しくしている者同士が、何事か共同の行為をしているうちは、それは宗教的な祭事であり儀礼である。

エ．柳田国男の言葉を借りれば、それは信仰を等しくせざる者が現れたからである。

オ．そこに信仰を等しくしない者、観客としての他者の視線が現れてきたときに、自己対他者の社会的関係としての演技意識が発生し、遊びとしての演劇が成立したと言ってよいであろう。

A ア　B イが最後　C ウ　D エ　E オ

鈴木忠志『演劇とは何か』

【1】のヒント ▶▶▶ 冒頭の文章が問いかけで終わっていることに注目。

2 次の文章を読み、下の各問いに答えなさい。

【1】 制限時間：1分

A～Fを並べ替えて1～6の空欄にあてはめ、意味の通る文章にしたい。[4]に入るものはどれか。

ジャガイモは[1][2][3][4][5][6]ともいわれている。

A さらに栄養が豊富で調理方法も多彩なため、
B それ以降は飢饉がなくなった、
C 地下で育つので鳥や獣の餌食になることもないため、
D ヨーロッパで広く普及したが、
E 常に一定量の収穫が期待できることで、
F 荒地でも簡単に栽培できるうえに、

【2】 制限時間：1分

A～Eを並べ替えて1～5の空欄にあてはめ、意味の通る文章にしたい。[4]に入るものはどれか。

自動車のタイヤは[1][2][3][4][5]という点に留意すべきである。

A 非常に重要な役割を担う部品であるが、
B 自動車が生み出す力を路面に伝え、路面の状況を自動車に伝えるという、
C 極めて単純な構造で成り立っているため、
D 路面温度や空気圧といった外的要因の影響を受けやすい、
E 主に空気を充填したゴムのみという、

【1】のヒント ▶▶▶「ため」で終わる2つの文から考える。

27 長文読解

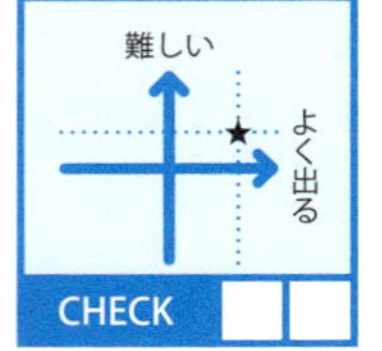

✓ テストセンター ✓ ペーパーテスティング ✓ WEBテスティング

例題 ▶こんな問題が出る！

次の文章を読み、問いに答えなさい。

日本国憲法の制定プロセスにおける吉田茂の言説を追いかけると、ひとつの重要な前提に気づく。吉田は、日本国憲法を日本とアメリカとの条約に近いものとして考えていたのではないか、と思われるのだ。一国の憲法制定というより、二国間の条約制定交渉に近い。

もちろん敗戦後の占領下のことであるから、当然ながら対等な二国間交渉ではありえない。日本国憲法の制定は、日本が独立国として主権を回復していない状態でなされたから、占領者（GHQ）の意向が反映されるのは当然ではある。さらに吉田は、大日本帝国憲法改正そのものに消極的だったこと、GHQ 草案に不満を持っていたことなどは間違いない。けれど、GHQ 草案を受け入れることで食糧支援を取り付けるなど、憲法制定を外交交渉として利用していたようにも受け取れる。

吉田は、日本国憲法制定が、日本の国内問題ではなく、国際政治の焦点のひとつだったことを、充分に理解していた。吉田は回顧録で、「憲法改正に関わった日本側のスタッフは、国際感覚を身に着けていた。立法技術にこだわっているだけでは何の策も生み出せなかった」と述べている。ただし、憲法を国際政治の焦点のひとつにせざるを得ない当時の日本の状況についての思惑は、何も触れられていない。

白木達也『吉田茂の憲法観』

文章中の下線部についての説明としてもっとも適当なものを選びなさい。

A 法の理論に忠実な憲法を制定しなければ、日本が独立を回復する意味がない。

B 日本国憲法を法の理論に忠実に制定するより、日本の抱える諸課題を具体的に解決するほうを優先すべきだ。

C 憲法より上位の国家規範を新しく生み出すためには、日本国憲法が多少は犠牲になるのも致し方ない。

D 日本国憲法は法の理論に忠実であるかどうかより、日本の未来の建設に有益かどうかのほうが重要である。

たった1分で解く

直前の「国際感覚」という部分も参考になる。これは文脈上、二国間交渉を優位に進めるにはどうしたらいいかを見抜く眼力のようなものだと考えればいい。となると、吉田は、憲法が法理論に適合しているかどうかより、憲法制定をどのように進めていけば、憲法以外の場面でGHQと優位に交渉できるか、を考えて憲法の制定にあたった、と考えるべき。Bが正解。
Dも悩ましいが、憲法が日本の未来に有益か、という観点ではない。

解　答　B

Point！

独善的にならず、文章から正解を導くよう心がけること。
文中に、〜という記述があるからこの選択肢が正しい、といえるように解こう。

LEVEL1 基本問題クリア！

合格圏 2 問中 2 問正解

CHECK □□□

練習問題

▶ 解答・解説は別冊 69 ページ

1 次の文章を読み、あとの問いに答えなさい。

　漱石が知的な作家であるという伝説は、永く巷間に流布している。「教養の豊富さ」が「作品のなかに溢れ出」ているから結構だという説もあるし、それだから有難く戴けないという説もある。いずれにしても、「森鷗外や芥川龍之介などにも見られる知性人たるの本質」を、漱石に見ているという点では、同じであろう。龍之介は、しばらく措く。明治文学史における漱石の意味が、鷗外と同じ「知性人たるの本質」に係るものだとは、私には考えられない。私の考えによれば、伝説に反し、従って鷗外とは逆に、知性人ならざる本質によって、憑かれた魂の情念によって、要するに人間性の合理的ならざる能力によって、この小説家は、不朽である。おそらく鷗外と共に。もちろん、その知性は、小説家の前提であったし、明治の文壇に稀なものであったが、必ずしも明治の日本に比肩する者がなかったとは、思われない。先進国の制度、法律、技術を一時に輸入した国は、準備はまだ整わず、高等教育は社会の要求を充たすに至らない。そういう場合には、一般に知性あるいは知識人の極端な不足が起こるので、すべての知識人は、一人であらゆることを行わねばならない。ことに政治に携らざるを得ない。社会の知性が、挙げて、政治に、また第二に、技術に動員されるのは、必然的現象である。東洋諸国の多くの政治家が、今日も、学者を兼ね、文人を兼ね、音楽家さえも兼ねているのは、そのためである。そして、多少にかかわらず、それに類する事態は、明治初頭の日本にも起こった。二葉亭が「文学は男子一生の仕事にあらず」といった時代的意味は、そういうものであろう。漱石の時代、ことに明治の後半には、同じ事情が、はるかに緩和されて、しかしなお明らかに続いていたのである。すべての知性が、大部分官吏に動員され、学問の世界では、技術および技術に密接な自然科学に動員されていた。その意味の重大さに比べれば、「文学論」の批評家の知性は、蒼ざめるであろう。

加藤周一『漱石に於ける現実』

【1】 制限時間：1分

文章中の下線部について、「蒼ざめる」理由として正しいものを選びなさい。

A　当時の日本には批評に値する文学作品が存在しなかったから。
B　当時の日本には知識人が絶対的に不足していたから。
C　当時の日本には、文学の道を志す人に知性的な人がほとんどいなかったから。
D　当時の日本は文学だけでは生計を立てられなかったから。

【2】 制限時間：1分

文章中の内容に適合するものをすべて選びなさい。

A　明治期の文人は知識人でもあり、政治、学問、技術など幅広い分野において活躍しようとする強い意志を持っていた。
B　政治論や自然科学の分野においても、当時の日本では漱石に比肩する者がなかった。
C　東洋の後進諸国では、先進国の制度・法律・技術の輸入に寄与できたのは少数の知識人のみだった。
D　漱石の文学が傑出しているのは教養の豊かさによる、と世間一般は認識している。
E　二葉亭は、文学という仕事を「一生の仕事ではない」と喝破することで、当時の社会における問題点を浮き彫りにした。
F　人間の断ちがたい感情の世界を突き詰めて描くことで、漱石は鷗外とは異なった作家的本質を示してみせた。

【2】のヒント▶▶▶「すべて選びなさい」ということは、正解は複数ある？

Column - 5

SPIは配属や昇進にも影響する！

SPIの販売元によると、SPIが測定するのは、変化しにくい基本的な思考力や理解力です。つまり、SPIのスコアはいつ受けても変わらない、ということです。これは、非常に大きな意味を持ちます。

実際にそうであるか否かはおいといて、SPIを採用する企業には、その人の基本的な思考力や理解力は、そのスコアに表れるという判断があります。ということは、SPIのスコアは、採用時だけでなく、配属や昇進にも影響しているのです。

実際にSPIの販売元では、SPI受検者の入社後の追跡調査を行い、適性検査の得点と入社1～3年後の人事評価や活躍度の関連性を検証しています。それによると、「SPI3が、入社後の若手の活躍状況と一定程度関係している」と述べられていて、SPIスコアは単なる知能検査というだけでなく、総合的な人事評価として妥当であると主張しています。

これが正しいかどうかはともかくとして、入社後に思考力や理解力を問われる検査を受けることはあまりないので、採用時のスコアが唯一の指標になることは十分に考えられます。

もちろん、入社後の人事評価でもっとも重要なのは、その人の実績や上司の評価です。SPIのスコアが高ければ出世するというのではなく、高スコアの人は高い業務遂行能力に繋がりやすく、それが人事評価にも結びつく、ということなのでしょう。

このように、SPIは入社後の配属や昇進にも影響します。事前の対策をしっかりしておくことが、とにかく大切です。

6章
模擬試験

非言語問題……188 ～ 196 ページ

▶ 解答・解説：別冊 70 ～ 75 ページ

言語問題……197 ～ 203 ページ

▶ 解答・解説：別冊 76 ～ 79 ページ

非言語問題は正解率 70%以上（小問 20 問中 14 問正解）
言語問題は正解率 80%以上（小問 15 問中 12 問正解）
を目指そう。

1 ある会社で社内部署のオリエンテーション研修が行われることになり、営業部員 80 人、企画部員 60 人、開発部員 40 人が参加する。研修は営業部長による営業研修、企画部長による企画研修、開発部長による開発研修がそれぞれ行われ、参加者は自分の所属する部署以外の研修を 1 つだけ受講する。このとき、受講を希望する科目を調査したところ、次のことがわかっている。

- 営業部で企画研修の希望者と開発研修の希望者の割合をみると、どちらか一方がもう一方の 3 倍いる。
- 企画部には営業研修の希望者も開発研修の希望者もいる。
- 開発部で営業研修の希望者と企画研修の希望者の割合をみると、どちらか一方がもう一方の 3 倍いる。
- 開発研修の希望者は、企画研修の希望者の 2 倍いる。

【1】 制限時間：5 分

営業研修の希望者は全部で何人か。

A 10 人　**B** 15 人　**C** 20 人　**D** 25 人
E 30 人　**F** 35 人　**G** A～F のいずれでもない

【2】 制限時間：2 分

次のア～ウの記述のうち、正しいものの組み合わせを選びなさい。

ア. 企画部員では、営業研修より開発研修の希望者のほうが多かった。
イ. 企画研修の希望者は、開発部員より営業部員のほうが多かった。
ウ. 営業研修の希望者は、開発部員より企画部員のほうが多かった。

A アのみ　**B** イのみ　**C** ウのみ　**D** アとイ
E イとウ　**F** アとウ　**G** アとイとウ

2 W、X、Y、Zの4人が9時に待ち合わせをしたら、次のようになった。

- Wの到着時刻は、Wの時計では8時51分だったが、Zの時計では9時1分だった。
- Xの到着時刻は、Xの時計では9時6分だったが、Yの時計では9時ちょうどだった。
- Yの到着時刻は、Yの時計では9時1分だったが、Wの時計では8時59分だった。
- Zの到着時刻は、Zの時計では8時57分だったが、実際の正確な時刻では8時52分だった。

【1】 制限時間：5分

4番目に来たのは誰か。

A W　　B X　　C Y　　D Z

【2】 制限時間：2分

3番目の者が到着したのは、もっとも早く到着した者の何分後か。

A 4分後　B 7分後　C 11分後　D 13分後　E 15分後

【3】 制限時間：3分

Yの到着時刻について、正しいものをすべて選びなさい。

A 9時3分であった。
B Xの時計では9時7分だった。
C Wが到着してから8分後だった。
D Zの時計では8時58分だった。

3 次の図は、ある商店街の地図である。a～hの8区画には、それぞれ肉屋・魚屋・酒屋・花屋・鍵屋・食堂・書店・銭湯のいずれかがある。

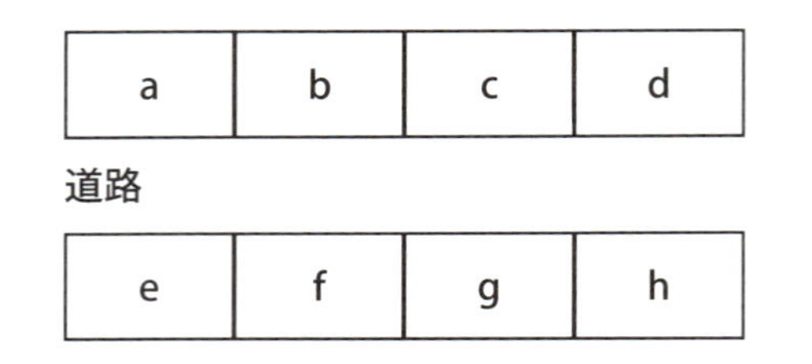

このとき、次のことがわかっている。

- 魚屋の道路を挟んだ向かいには花屋がある。
- 肉屋はaもしくはcのいずれかにある。
- 書店は2方向が道路に面している。
- 鍵屋は銭湯と食堂に挟まれている。

【1】 制限時間：5分

次のうち、a～dもしくはe～hの横1列の並び方としてありうるものをすべて選びなさい。ただし、一番左をaもしくはeとする。

A　魚屋・酒屋・書店・花屋
B　銭湯・食堂・鍵屋・魚屋
C　食堂・鍵屋・銭湯・花屋
D　書店・酒屋・魚屋・花屋
E　魚屋・銭湯・鍵屋・書店

【2】 制限時間：2分

次のうち、つねに正しいものをすべて選びなさい。

A　酒屋はｂにある。
B　花屋はｄにある。
C　魚屋はｅにある。
D　銭湯はｆにある。
E　鍵屋はｇにある。

【3】 制限時間：2分

次のうち、正しい可能性があるものをすべて選びなさい。

A　銭湯がｅにあり、魚屋がｄにある。
B　書店がａにあり、鍵屋がｇにある。
C　魚屋がｅにあり、書店がｈにある。
D　花屋がａにあり、鍵屋がｆにある。
E　肉屋がｃにあり、銭湯がｄにある。

【4】 制限時間：2分

肉屋の道路を挟んだ向かいに鍵屋があるとき、つねに誤りであるものをすべて選びなさい。なお、斜め向かいとは、道路を挟んだ向かいの区画の両隣のいずれか、例えばｂから見てｅ・ｇのいずれかをいう。

A　酒屋の斜め向かいに銭湯がある。
B　肉屋の隣に書店がある。
C　魚屋の隣に鍵屋がある。
D　鍵屋の斜め向かいに酒屋がある。
E　書店の道路を挟んだ向かいに食堂がある。

4 P、Q、Rの3クラスの生徒が、現代文、古文、漢文のいずれか1科目を選択してテストを受けた。次の表は、各科目の受験者数と平均点をまとめたものである。なお、各クラスは40人である。

受験者数	P	Q	R
現代文	15人	20人	16人
古　文	7人	10人	人
漢　文	18人	10人	人

平均点	P	Q	R
現代文	54点	60点	55点
古　文	52点	58点	55点
漢　文	58点	点	60点

【1】 制限時間：3分

クラスPの3科目の平均点はいくらか（小数点第1位を四捨五入）。

A　55点　　B　56点　　C　57点　　D　58点
E　59点　　F　60点　　G　A～Fのいずれでもない

【2】 制限時間：3分

現代文の3クラス全体の平均点はいくらか（小数点第1位を四捨五入）。

A　55点　　B　56点　　C　57点　　D　58点
E　59点　　F　60点　　G　A～Fのいずれでもない

【3】 制限時間：3分

クラスQの3科目の平均点は61点である。クラスQの漢文の平均点はいくらか。

A	55点	B	58点	C	60点	D	63点
E	66点	F	68点	G	A～Fのいずれでもない		

【4】 制限時間：7分

次のア、イの記述について正しく述べているものを選びなさい。

ア．古文の受験者数が3クラスの中でクラスRがもっとも多い場合、クラスRの3科目の平均点は57点未満である。

イ．クラスRの古文の受験者数が12人以上なら、3クラス合計の平均点は古文がもっとも低い。

A アもイも正しい。
B アは正しいがイはどちらともいえない。
C アは正しいがイは誤り。
D アはどちらともいえないがイは正しい。
E アもイもどちらともいえない。
F アはどちらともいえないがイは誤り。
G アは誤りだがイは正しい。
H アは誤りだがイはどちらともいえない。
I アもイも誤り。

5 ある予備校ではテストを、年に春・夏・秋の3回実施しており、受験者に対して成績に応じて習熟度別に段位を認定している。段位は数字が大きいほど高段で、最高位は6段である。また、1回のテストで2段以上上がることもある。
K、L、M、Nの4人の生徒について、次の情報がある。

- 全員、テストを受けるたびに段位は上がった。
- Kは春テストで2段になり、秋テストでは4段になった。
- Mは夏テストで4段になった。
- Lが春テストで得た段位とNが夏テストで得た段位は同じである。
- Lが夏テストで得た段位とMが秋テストで得た段位は同じである。

【1】 制限時間：5分

Mが秋テストで得た段位として考えられるものを、すべて選びなさい。

A 2段　　**B** 3段　　**C** 4段
D 5段　　**E** 6段

【2】 制限時間：2分

秋テスト後の段位が最下位だった可能性がある者をすべて選びなさい。

A K　　**B** L　　**C** M　　**D** N

【3】 制限時間：3分

次のうち、Nの段位について正しく述べたものをすべて選びなさい。

A　春テストで得た段位は２段、３段、４段のいずれかである。

B　秋テストで得た段位は、４人の中でトップだった可能性も最下位だった可能性もある。

C　Mが春テストで得た段位が、Nが秋テストで得た段位と同じだった可能性がある。

D　３回のうちのいずれかのテストで、３段分の昇段を果たした可能性がある。

E　３回のうちのどのテストにおいても、Lが得た段位を上回ることはできなかった。

【4】 制限時間：3分

次のア、イの記述について、正しく述べているものを選びなさい。

ア．４人のうち３人が同じ段位だった時期がある。

イ．各学年時において、Lはつねに４人のうち単独トップだった。

A　アもイも正しい。

B　アは正しいがイはどちらともいえない。

C　アは正しいがイは誤り。

D　アはどちらともいえないがイは正しい。

E　アもイもどちらともいえない。

F　アはどちらともいえないがイは誤り。

G　アは誤りだがイは正しい。

H　アは誤りだがイはどちらともいえない。

I　アもイも誤り。

6 ある大学には6つの学部があり、それぞれ独自に入試を行っている。
ただし、1人につき3つの学部までしか受験できない。
X、Yの2人がこの大学を受験する。

【1】 制限時間：2分

Xが3学部を受験する場合、学部の組み合わせは何通りか。

A 9通り　B 10通り　C 16通り　D 20通り
E 24通り　F 32通り　G A～Fのいずれでもない

【2】 制限時間：2分

XとYが合わせて5つの学部を受験する組み合わせは何通りか。

A 480通り　B 540通り　C 600通り　D 660通り
E 720通り　F 750通り　G A～Fのいずれでもない

【3】 制限時間：2分

XとYが、重複なく合わせて4学部を受験する組み合わせは何通りか。

A 180通り　B 210通り　C 240通り　D 320通り
E 360通り　F 400通り　G A～Fのいずれでもない

7 制限時間：2分

次の言葉の意味として適合するものを選びなさい。

【1】

金科玉条

A 非常に厳しい租税や年貢。
B ものの価値は保有者の人徳によって決まることのたとえ。
C それを満たせば大きな社会的地位を得られる条件。
D 自分の行動規範を導く絶対的な教訓や信条。
E たいへん高額で価値が高いもの。

【2】

素封家

A 広い領地を治める地主。
B 上下関係の礼儀や規律を重んじる人。
C 大金持ちの財産家。
D 人間性が清らかで無邪気な人。
E 質素で倹約的な生活を好む人。

【3】

トレードオフ

A 無償で贈与されること。
B 複数の条件を同時に満たせないこと。
C 大幅な赤字のこと。
D 商品が割り引かれる条件のこと。
E 一方に取り入ることによって、もう一方を敵に回すこと。

8 制限時間：2分

最初に示した2つの語句と同じ関係になるよう、次に示した語句と対になるものを選びなさい（選択肢はすべて本ページ下部に倣う）。

【1】

垂直：鉛直

ア．普遍：永遠
イ．竣工：落成
ウ．書肆：書店

【2】

東南アジア：マレーシア

ア．中央アジア：ウズベキスタン
イ．南アジア：インド
ウ．西アジア：パキスタン

【3】

トランペット：演奏

ア．電話：通話
イ．スマートフォン：操作
ウ．自動車：輸送

【4】

バター：牛乳

ア．アルミニウム：ボーキサイト
イ．紙：パルプ
ウ．日本酒：小麦

【5】

一括：分割

ア．希少：過多
イ．完全：欠如
ウ．軍人：文民

【6】

触覚：聴覚

ア．土星：地球
イ．有理数：無理数
ウ．大豆：野菜

選択肢はすべて下記の通り。

A	アのみ	B	イのみ	C	ウのみ	D	アとイ
E	イとウ	F	アとウ	G	アとイとウ		

9 次の文章を読み、下の問いに答えなさい。

【1】 制限時間：1分

次の文章中の空欄に入る適切な語句を選びなさい。

人は、自己形成の過程で、他者との社会的な意思疎通によって、「承認」されることが必要な環境で育つことが重要である。そうすれば、人は「自分が自分である」「自分が価値を持った存在である」ことと、「他者の存在」「社会の存在」が分かちがたく結びつく。そうして、「自分と接する他者は本質的には（　　）なので、他者を殺すことは自分にとっても許されない」と考えるようになる。そうして人は、「いかなる人をも殺してはいけない」という感覚を身につける。

A　自分より強力な存在
B　自分と不可分の関係
C　承認を得られる存在
D　自分とは別個の関係

【2】 制限時間：1分

次の文章中の空欄に入る適切な語句を選びなさい。

第二型糖尿病は、血糖値を下げるインスリンがうまく作用せず発症する。ある研究チームは、C型肝炎ウイルスのつくるタンパク質が体内で生産されるように、遺伝子を改造した新マウスを育成。血糖値上昇剤を注射して一定時間後に調べると、正常なマウスの血糖値は注射前の30％に下がったが、新マウスは48％にしか低下しなかった。この結果から、（　　）ということがわかった。

A　C型肝炎の原因は第二型糖尿病の原因と同じである
B　C型肝炎にかかると第二型糖尿病を誘発しやすい
C　第二型糖尿病にかかるとC型肝炎にかかりにくくなる
D　C型肝炎にかかると第二型糖尿病でも血糖値は下がる

10 次の文章を読み、問いに答えなさい。

文字を用いて書くことばは、それを使うためにはかならず、そのために特別の訓練をしなければならない。それは、学ばなくとも自然に話せることばとはまったく別物である。ところが、自分がふだん話していることばには文字がない、そんなふうな時代がごく最近までつづいていた。「書きことば」「話しことば」と言い、その二つには同じく「ことば」という共通項があてがわれてはいるけれども、それは近代になってからの新しい発見と言わなければならない。

だから、中世ヨーロッパにおいて書かれる唯一のことばであるラテン語は、ギリシャの伝統にしたがって「文字（グラムマ）の技術（ティケー）」と呼ばれたのである。「文字の技術」すなわち我々が「文法」と訳しているものは、その根本において自然ではなく、つくりものである。文法＝書きことばは、我々の日常感覚の外にあって、それをはるかに超越した別世界を形づくっている。

つくりものの文字術言語は、誰にとっても母語ではないから、かならず、日常とはきりはなされた特別の勉強を要する。そのための莫大な時間を手にいれることのできる人は当時の社会では最上層の人だけであった。その人たちの支配的地位を確実にし、いつまでも安泰な状態を保つには、この文字の術が、なるべく複雑であればあるほどそれだけ都合がよく、文字そのものの習得に時間がかかればいっそう好もしいものになる。

したがって、文字の術＝母語によらない書きことばの術は、知識と情報の階級的独占が必要なところでは、いつでも頑固に保守されたのである。文字の術が一定の宗教儀礼と結びついた場合には、この独占的閉鎖性に宗教的秘儀性が加わるので、神聖さを帯びた文字は決して日常に用いて汚してはならない。この感覚は、神社の護符ではなをかんだり、神聖視された人物の写真（天皇・皇族）を印刷した新聞紙で汚物を拭きとることを犯罪とみなした、戦時中のあの感覚をもってすれば理解されるであろう。

日本におけるように、漢字やかなづかいという単なる手段の改変がその都度はげしい抵抗に出あうのも、慣れや有用性の観点からではなく、文字術の秘儀性に身をゆだねてしまった、あの感覚の根がまだ生き残っているからである。

こうした感覚を頭のなかによみがえらせたうえでないと、ダンテが俗語で書こうと考えたその企て*の途方もなさはとても理解できない。ことばの現象はいつでも「コロンブスの卵」であって、(　**ア**　)のなかから、その本然の姿をよみがえらせるには、一種の詩的冒険精神が必要になるのである。

さて、ダンテは、俗語を書く意味についてはラテン語で宣言しておいてから、俗語作品の製作にとりかかった。フマニスト（人文主義者）からは、下賤のことばで書いたせいで、さんざんこきおろされた。ニコリという人物は、「ダンテごときは文人仲間からはずして、下司どものところに追放してしまった方がいい」と息まいたと言う。ダンテは、(　**イ**　）だったのだ。

しかし詩や文学だけでは俗語が秘儀の権威をうちやぶるところまではまだまだ到達できない。ダンテが言うように、俗語は「すべての人によって用いられている」のに、文字術は一部の者だけが「二次的に」、つまり、つけ足しに学ぶ術だ。だから原理から言えば、俗語は文字術をはじめから圧倒しているはずなのに、文字術は幾重にも厚い防壁でまもられている。その防壁の最大のものは何であったか。「文法」である。

文法こそは文字の術の基底をなす、人類史最大の発明品の一つである。母語の語り手は、術の書きことばにのぼりつくために、この文法を手がかりとし、この術に携わるかぎり、最後のきわまで文法と離れることはない。なぜか、――それが母語ではないからである。

田中克彦『ことばと国家』

＊ダンテは、「俗語論」という本を著して日常の人々の話しことば（俗語）の意義を説き、その後に当時唯一の書きことばであったラテン語を使わず、俗語を使って作品を書いたことがある。

【1】 制限時間：2分

文章中の空欄（　ア　）に入る語句として、もっとも適当なものを選びなさい。

A　普遍化されたもの
B　秘儀化されたもの
C　階級的に独占されたもの
D　日常化されたもの
E　実用化されたもの

【2】 制限時間：2分

文章中の空欄（　イ　）に入る語句として、もっとも適当なものを選びなさい。

A　多くの著作を残しながら文字術の意義を理解していない不学徒
B　高貴な出自でありながら下賤な文字術の方がすぐれていると信じた異分子
C　文人の身でありながら文字術の神聖を犯す冒涜人
D　必要に迫られたとはいえ、文字術の商業化をもくろんだ不敬人
E　自らの信念のみに基づいて文字術のノウハウを流出せしめようとする暴露人

【3】 制限時間：3分

この文章における次の記述を、話しことばに関するものと書きことばに関するものに分類したい。このとき、話しことばに関する記述に分類されるものをすべて選びなさい。

A　文法
B　文字の技術
C　我々の日常感覚
D　母語
E　つくりもの
F　特別な勉強
G　神聖さ
H　秘儀性
I　俗語
J　すべての人によって用いられている

【4】 制限時間：2分

この文章の中心的な論題として、もっとも適当なものを選びなさい。

A　文法や文字の技術は、言語本来のあるべき姿からみてあくまで副次的なものである。
B　話しことばには防壁がないために、特定の階級に独占されることはなかった。
C　話しことばを身につけるには特別な訓練は不要であるからこそ、言語としての地位を文法と同じ水準にまで確立させることができた。
D　書きことばと話しことばは、本来はまったく別のものであり、書きことばにおける文法は現在でも話しことばに超越している。
E　書きことばは神聖なものであり、特に中世ヨーロッパでは手厚い保護を受けていた。

性格検査について

ここでは、テストセンターを念頭に説明します。

性格検査は、30 ～ 40 分間、質問に回答することで、その人の性格を 6 項目にわたって分析します。とくに正解は存在せず、企業は分析結果を面接や採否、配属の参考資料にします。

とくに対策は必要ありません。有利になる回答、不利になる回答がないわけではないのですが、性格検査だけで落ちることはありません。無理に対策を立てようとすると、「この人は虚飾した回答をしている」などの結果となって現れてしまいます。とくに考え込まず、直感で回答するのがベストです。

というのも、人間の性格は、ひとつの側面に長短両面があります。例えば目標の達成意欲が強い人は、しばしば考えが硬直的で融通がきかないといった面もあります。好奇心が旺盛な人は、ひとつの物事に集中できないといった面もあります。つねにどんな場面でも好ましい性格などないのです。

また、企業は、同じ性格の人だけを集めたいわけではありません。社交的な人は対外的な人間関係が重視される職務に、内省的で粘り強い人は緻密な作業が求められる職務に、といったことを企業は考えるので、受検者は結果を気にしなくても大丈夫です。

性格検査の分野 1　行動的側面

社交的で行動力があるタイプか、思索的で粘り強いタイプかを測る。

- 対人関係に積極的か、そうではないか。
- 親しい友人とばかり一緒にいるほうだ。
- 物事を深く考える性格か、考える前に行動する性格か。
- フットワークが軽いほうか、行動範囲が狭いほうか。
- 忍耐力があるか、ないか。
- 物事を始める前に細かい計画を立てるほうだ。

性格検査の分野2　意欲的側面

難しい局面や難問、競争的な場面におけるモチベーションの有無を測る。

- 競争には絶対に負けたくない。
- 今の目標を達成するまで、次の目標を立てられない。
- ライバルがいるほうが成長できると思う。

性格検査の分野3　情緒的側面

ストレスに対する耐性や失敗の受け止め方などを測る。

- 組織の目的が達成できなかったとき、自分に原因があると考えることが多い。
- 感情が表に出やすいほうだ。
- 楽観的なほうか、悲観的なほうか。
- 自尊心は人一倍強いほうだ。

性格検査の分野4　社会関係的側面

周囲との関わり方、コミュニケーションのとり方を測る。

- 他人が思い通りに行動してくれないといらいらする。
- 価値観が共有できない人とはわかり合えないと思う。

性格検査の分野5　職務適応性

どのような仕事に適応しやすいかを測る。
基礎能力検査と性格検査の1～4分野の結果をあわせて測る、総合的項目のひとつ。

性格検査の分野6　組織適応性

組織の特徴を4パターンに分類し、どのような組織に適応しやすいかを測る。
これも基礎能力検査と性格検査の1～4分野の結果をあわせて測る、総合的項目のひとつ。

構造的把握力検査について

2013年から導入された検査項目で、いろいろな物事の本質を正しく把握し、それらに共通する側面を見抜けるか否かを測ります。ただし、この検査を利用するか否かは、各企業の判断によります。

例えば、企業が新しいサービスを開始する場合を考えてみましょう。これまで他社も提供したことがない、まったく新しいサービスだとします。それで成功するかどうかはやってみないとわからない、というのではただのギャンブルにすぎません。ビジネスなら、いざ始める前に、成功の可能性を見極めておく必要があります。

そんなとき、「過去にAという事例が成功したから、それと似た今回のサービスも成功するだろう」「このサービスが成功するかどうかはBというポイントに集約されるから、共通点（B）を持つ過去の事例から切り口を模索しよう」というように、異なる事例から本質的な共通点を見つけ出し、解決の糸口を探れれば、サービスが成功する可能性は高まるはずです。

そして、本質的な共通点を見つけ出す（あるいは、本質的な相違点を排除する）のに必要なのは、それぞれの物事がどのような構造を持っているかを、正しく把握することなのです。

これまで、こういった学習を積んできた学生はほとんどいません。断片的に、各学問領域の手法としてこのような考え方に触れたことはあるかもしれませんが、それだけをテストするといったこともないはずです。

このように、「ものごとの構造を把握し、本質を見抜く」ことが目的の検査であることは明らかです。実際にどのような出題例があるのかは、次ページで確認してください。

【1】

次の文章と同じ構造を持つものを、A～Dの中からすべて選びなさい。

あの会社は、通年の経常利益が10億円以上になったら、必ず増配か子会社株取得のどちらかを行う。昨年度の通年の経常利益は16億円だったが、増配はしなかったから、きっと子会社株を取得しているはずだ。

A 彼は書店では、いつも法律書と哲学書を探している。さっき彼は法律書を探していたから、今度は哲学書を探すだろう。

B 会議に部長が出ないときは、課長か主任が議長を務める。今日は部長と課長のどちらも出張中だから、議長は主任が務めるだろう。

C 寒いならエアコンか石油ヒーターを買えばいいのに。この部屋で石油機器が禁止されているなら、エアコンにすればいいじゃないか。

D 規則は、定める側と守る側がどちらも納得するものでなければならない。校長が定めた校則は生徒が納得していないので、廃止すべきだ。

【2】

次のうち、問題の構造が似ているものを2つ選びなさい。

A 濃度8%の食塩水100gと12%の食塩水180gを混ぜたとき、食塩水の濃度は何%になるか。

B ある会社がA銀行から年利10%で100万円を借り、B銀行から年利8%で300万円借りた。どちらも8か月で完済するとしたら、負担した利子のうち、A銀行への利子が占める割合は何%か。

C 全社員200人のうち、30%を女性が占めるP社と、全社員150人のうち、40%を女性が占めるQ社がある。この2社が合併した場合、新しい会社における女性の割合は何%か。

D 大学教授であるRさんの昨年の収入の内訳は、勤務する大学からが70%で、雑誌への原稿料が30%であった。勤務する大学からの収入額が変わらないとすると、年収を1.2倍にするには、原稿料を何倍にすればよいか。

解答・解説は別冊80ページにあります。

著者
ＳＰＩ３対策研究所
就職活動の現状を踏まえ、新卒採用試験を研究する機関。試験の最新傾向、就活生の志向・目的に合致した対策を追究。現役大学生からの膨大な情報をもとに、テストセンター試験を中心にしたSPIの分析・模擬テストの作成などを行う。

大手・人気企業突破　ＳＰＩ３問題集《完全版》

著　者　ＳＰＩ３対策研究所
発行者　高橋秀雄
発行所　**株式会社 高橋書店**
〒170-6014 東京都豊島区東池袋3-1-1 サンシャイン60 14階
電話　03-5957-7103

大手・人気企業突破 SPI3 問題集《完全版》

別冊

解答・解説

目次

1 論理的関係

▶ 問題は 14 〜 17 ページ

1 【1】 **解答** C　ウのみ

アはありうる。百円３枚・五十円１枚の場合など。
イはありうる。五百円１枚、百円１枚、五十円２枚の場合がある。
ウはありえない。どのように組み合わせても 900 円にはならない。

【2】 **解答** F　アとウ

アはありえない。もっとも高額なのは、五百円２枚と五十円２枚で 1100 円になるとき。
イはありえる。もっとも小額なのは、五十円３枚と百円１枚で 250 円になるとき。
ウはありえない。五十円２枚を除いた残りの２枚で 250 円になることはない。

2 Ｐは３・７・９のうち２枚で、Ｑは３・６・９のうち２枚。ただし、Ｑが３・９だとＰの持つカードが７しかなくなるため、Ｑの６は確定。同様の理由で、Ｐの７も確定。残りの４・８はＲとＳが１枚ずつ持っている。

P	7、3or9
Q	6、3or9
R	2、4or8
S	5、4or8

【1】 **解答** A　P

上記の通り。Ｐで決まり。

【2】 **解答** D　アとイ

アは正しい。Ｐが７・９だと、その時点ですでに和は 16 になるため、これにＲの和を足しても 16 にはならない。一方でＰを３・７、Ｒを２・４とすると、Ｐ・Ｒの総和が 16 になる。これでＱは 6･9、Ｓは 5･8 となる（右表参照）。

P	7、3
Q	6、9
R	2、4
S	5、8

イは正しい。Ｓが４・５、Ｑが６・９であれば、Ｓの和（４＋５＝９）がＱのカード（９）と等しくなる。あとはＰが３・７、Ｒが２・８（右表参照）。

P	7、3
Q	6、9
R	2、8
S	4、5

ウは誤り。Ｐの和としてありうるのは 10 か 16、Ｓの和としてありうるのは９か 13 なので、そもそもそうなる可能性がない。

3 第２便、第４便の合計利用者数は、
172 －（34 ＋ 54）＝ 84 人。
第１便の 34 人がもっとも少ないので、第２・４便はそれぞれ 35 人以上。
したがって、とりうる値は、35 ～ 49 人の間である。

第１便	34
第２便	35 ～ 49
第３便	54
第４便	35 ～ 49

【1】 解答 D アはどちらともいえないがイは正しい。
アはどちらともいえない。第２便は 35 ～ 49 人なので、第１便との差は１～ 15 人まで可能性がある。
イはつねに正しい。不明な第２・４便も、50 人以上になる可能性はない。

【2】 解答 B アは正しいがイはどちらともいえない。
アはつねに正しい。第２・４便の合計は 84 人（偶数）なので、どう組み合わせても差は偶数になる。
イはどちらともいえない。第４便のとりうる人数は、奇数も偶数もありうる。

【3】 解答 H アは誤りだがイはどちらともいえない。
アは誤り。第１・２便の差が奇数なのは、第２便が奇数になるとき。
ということは第４便も奇数になるので、第３・４便の差は奇数である。

イはどちらともいえない。第２便が 40 人であれば、第４便は 44 人となり、第３便との差は 10 人であるため条件を満たす。
しかし、これがもっとも差が大きいときである。
第２便が 39 人のとき、第４便は 45 人となり、第３便との差は９人。条件を満たさない。

2 順位関係

▶ 問題は 20 ～ 23 ページ

1 身長でXが何位だったかを考える。それによりZの順位も決まる。
1位のときはX－V－Z－W－Y。
2位のときはW－X－V－Z－Y。
3位のときは、XとZが年齢と同じ順位になるため、2つ目の条件に反する。
したがって、Xは1位、もしくは2位である。

【1】 解答 F アとウ
上記の通り。イは、Vが3位の可能性もあるため誤り。

【2】 解答 A W **B** X
上記の通り。

2 まず、Dのいうオ＞ウ＞アは誤りのため、実際の順位はア＞ウ＞オとなる。
また、Bはイ＞オ、イは3番目以内と述べているが、両方とも誤りのため、実際はオ＞イであり、イは4番目以降。
またCが、イかオが最下位だと述べているが、これも誤りのため、Bの発言とあわせてイは4位か5位。
さらに、Aの発言から、アがもっとも大きくはない。
ここまでで、X—ア—ウ—オ—イ—Xとなる。

このとき、Xに入るのはカ・エだが、Cが「ウかエが最大」と述べており、これも誤りのため、カが最大になる。
したがって、「カ—ア—ウ—オ—イ—エ」が正しい順序。

【1】 解答 F カ国
上記の通り。

【2】 解答 E オ国
上記の通り。

3 基準身長を x と置き、それぞれを数字で表す。解ける順番に解く。

$P = x + 12cm$

$T = P - 18cm = (x + 12cm) - 18cm = x - 6cm$

$Q = T + 4cm = (x - 6cm) + 4cm = x - 2cm$

$R = Q + 6cm = (x - 2cm) + 6cm = x + 4cm$

$S = R - 14cm = (x + 4cm) - 14cm = x - 10cm$

【1】 **解答** **A** アのみ

アは正しい。イは、もっとも低いのはSなので誤り。ウも、該当する者がいないので誤り。

【2】 **解答** **C** 8cm

Pは $x + 12$、Rは $x + 4$ なので、8cm差。

4 条件から、個人得点が低い順に次の序列ができる。円内数字は得点差。

【a】W②P③R①Q②S④U①T

また、次の序列も成り立つ。

【b】最少得点＜Y＜V⑥X④最多得点

これら2つの序列で、すべての個人成績が並んだ。となると、最少得点はW、最多得点はT。

序列aより、2人の得点差は13点で、TはWの2倍の点数を取っているので、Wが13点、Tが26点だったことになる。

あとは序列a・bにそれぞれの個人得点をあてはめていけばいい。下表の通りになる。

選手	W	Y	P	V	R	Q	S	X	U	T
個人得点	13	14	15	16	18	19	21	22	25	26
組	赤	白	赤	白	白	赤	赤	白	赤	白

【1】 **解答** **A** P　**B** Q　**D** S　**F** U　**H** W

上の表から、得点が奇数の者を選べばよい。

【2】 **解答** **D** 白組・3点差

合計すると、白組96点、赤組93点となる。3点差で白組の勝利。

3 位置関係

▶ 問題は 26 〜 29 ページ

1 場所が確定しているのはRとQのみ。それ以外は決定できない。右図において、同じ小文字記号が付された２人は、互いに入れ替えが可能である。

Sa	Wa
R	Pb
Uc	Vc
Q	Tb

【1】 **解答** A P　C R　D T

Rは２番目で決定。あとの１人は、記号ｂの２人にいずれも可能性がある。したがって、R・P・Tの３人。

【2】 **解答** C ウのみ

アは決定できない。ＵとＶの場所が決められない。図①の通り。
イは決定できない。ＳとＷの場所が決められない。図②の通り。
ウは決定できる。図③の通り。

①

W	S
R	P
Ua	Va
Q	T

②

Wa	Sa
R	P
V	U
Q	T

③

S	W
R	T
U	V
Q	P

2 音楽室はＢかＣ。この視点で場合分けを考える。
音楽室がＢのとき、美術室・図書室はＣ・Ｄになるが、３つ目の条件よりＣが美術室、Ｄが図書室になる。理科室はＡ。図①参照。
音楽室がＣのとき、美術室・図書室はＡ・Ｂになるが、どちらかは決められない。理科室はＤ。図②③参照。
以上から、３通りの可能性がある。

	A	B	C	D
①	理	音	美	図
②	美	図	音	理
③	図	美	音	理

【1】 **解答** A　B　D

上図の通り。Ａ・Ｂ・Ｄが図書室の場所である可能性がある。

【2】 **解答** B イのみ

イは上図②のときに正しい。それ以外の可能性はない。

3 それぞれの建物の位置関係を図にすると右の通り。ただし文化会館の位置は、方角的には確定できるが距離がわからないので、正確には決められない。

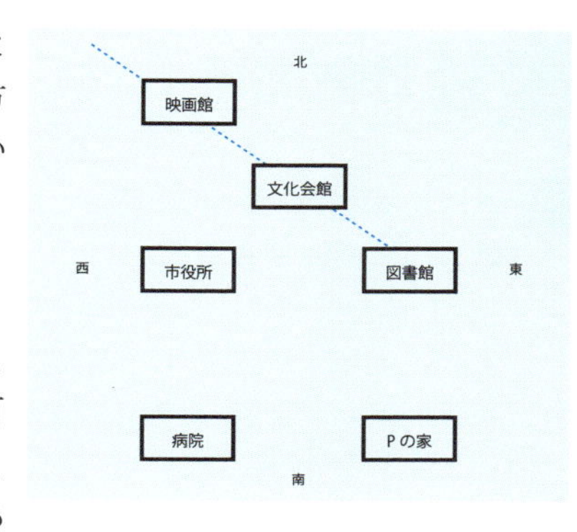

【1】 **解答** B　C　D

文化会館は「図書館の北西」とあるので、映画館から見て南東、あるいは北西の可能性がある。よってB、Cは正解。また、市役所から見て北東にあたる可能性もある。

【2】 **解答** A　B　D　E

図書館から見て北西、真西、南西にある建物をすべて含む。

4 1号館を基準にして考えると、右のような位置関係になるはず。なお、以下において④⑥という表記は、4号館と6号館の距離を表すものとする。

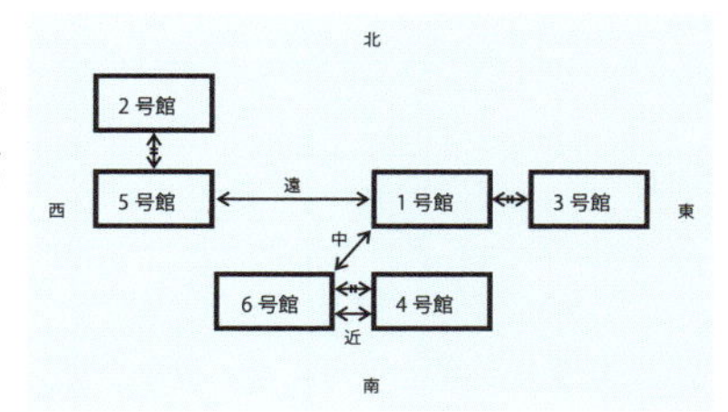

【1】 **解答** B　C

情報をまとめると、④⑥＜①⑥＜①⑤、および④⑥＝①③＝②⑤なのがわかる。
したがって、④⑥＝①③＝②⑤＜①⑥＜①⑤となる。
以上から、1号館と6号館・5号館の距離は、1号館と3号館の距離よりも確実に大きい。また図から、2号館は5号館より確実に遠い。
それ以外の3号館、4号館が、もっとも近い可能性がある。

【2】 **解答** I　アもイもつねに誤り。

アはつねに誤り。2号館が1号館の北西にあるなら、②⑤は①⑤と同じ距離でなければならない（直角二等辺三角形の角度から）。しかし実際は②⑤＜①⑤なので、2号館が1号館の北西にあることはない。

イはつねに誤り。5号館の真南に6号館があるということは、1・5・6号館を結ぶと①⑥を斜辺とする直角三角形になるということ。このとき、①⑤が①⑥を上回ることはない。

4 勝敗関係

▶ 問題は 32 〜 35 ページ

1 条件から直接わかるのは黒字の部分。勝敗数で並ぶことがないので、1位は5勝、2位4勝、3位3勝、…となる。このとき、1位（全勝）だったのはZ（他のチームはすでに1つ以上負けがある）、6位（全敗）だったのはWしかありえない（他のチームにはすでに1つ以上勝ちがある）。
条件からXは2敗なので、XはUに負け、3勝2敗で3位。
ここで1敗なのはUしかいない。2位は4勝1敗なので、これがU。したがって、UはZ以外には全勝している。
確定できるのはここまでである。V・Yの試合結果がわからないが、勝ったほうが2勝3敗で4位、負けたほうが1勝4敗で5位となる。

	U	V	W	X	Y	Z	
U	＼	○	○	○	○	×	4勝1敗
V	×	＼	○	×		×	1勝3敗
W	×	×	＼	×	×	×	0勝5敗
X	×	○	○	＼	○	×	3勝2敗
Y	×		○	×	＼	×	1勝3敗
Z	○	○	○	○	○	＼	5勝0敗

【1】 **解答** **B** V　**E** Y
上表の通り。VもしくはYである。

【2】 **解答** **B** イのみ
残りの試合はV・Yのみ。この勝敗がわかる条件を選ぶ。
アは決定できない。すでにXの3勝は確定している。
イは決定できる。Yが2勝しているということは、V・Yの対戦でYが勝ったということである。
ウは決定できない。そもそも成立しない。4敗したチームは1勝しかしていないが、この勝利は全敗だったWから得たものである。

2 XはWとだけ引き分け、勝率は0%なのでそれ以外には全敗。ここでVの勝率50%は、2勝2敗か1勝2分1敗のどちらかだが、引き分けがゼロだったのはYだけなので、Vは1勝2分1敗。Yに負けてWとZに引き分けだったことがわかる。これで引き分けの3試合はすべて確定（X・W、V・W、V・Z）。

	V	W	X	Y	Z	勝 分 負	
V	＼	△	○	×	△	1－2－1	50%
W	△	＼	△		×		
X	×	△	＼	×	×	0－1－3	0%
Y	○		○	＼	×		
Z	△	○	○	○	＼	3－1－0	100%

Zの勝率100%から、ZはWとYに勝った。WとYの対戦結果および順位は決められないが、引き分けでなかったことだけは確定している。

【1】 **解答** **B**　イのみ

アは誤り。ZとVは引き分けだった。
イは正しい。WとXは引き分けだった。
ウはどちらともいえない。YがWに勝てば3勝1敗で勝率75%に、負ければ2勝2敗で勝率50%になる。

【2】 **解答** **D**　アとイ

YがWに勝てば、1位Z（100%）、2位Y（75%）、3位V（50%）、4位W（0%）、5位X（0%）となる。上表の場合。
YがWに負ければ、1位Z（100%）、2位Y（50%）、3位VおよびW(50%)、5位X(0%)となる。下表の場合。

	V	W	X	Y	Z	勝 分 負	
V	＼	△	○	×	△	1－2－1	50%
W	△	＼	△	×	×	0－2－2	0%
X	×	△	＼	×	×	0－1－3	0%
Y	○	○	○	＼	×	3－0－1	75%
Z	△	○	○	○	＼	3－1－0	100%

アは正しい。YがWに負けた場合。
イは正しい。YがWに勝った場合。
ウは誤り。YがWに勝った場合はYが1敗、Wが2敗。YがWに負けた場合はYが2敗、Wが1敗。

	V	W	X	Y	Z	勝 分 負	
V	＼	△	○	×	△	1－2－1	50%
W	△	＼	△	○	×	1－2－1	50%
X	×	△	＼	×	×	0－1－3	0%
Y	○	×	○	＼	×	2－0－2	50%
Z	△	○	○	○	＼	3－1－0	100%

3【1】 **解答** F　1勝1分2敗

問題文からわかるのは表の黒字部分。
ここから、RとSの対戦を考える。
Rの勝利なら2勝となるため、2位の者は3勝していることになるが、そうなるとRと並んで3位になれる者がいなくなる。

	P	Q	R	S	T	
P	＼	○	○	○	○	4勝0分0敗
Q	×	＼	○			
R	×	×	＼	△	○	1勝1分2敗
S	×		△	＼	×	
T	×		×	○	＼	

一方でRがSに敗れると、1勝3敗となるため3位になる可能性はない。
したがって、RとSは引き分け。Rは1勝1分2敗だった。

【2】 **解答** A　Q　　C　T

残りの対戦Q・SおよびQ・Tについては、次のいずれかになる。
なお、2つ目の条件より、Q・SでQの勝ちはない。
a.　Q•SでSが勝ち、Q•TでQが勝利（Qが2位、RとSが3位、Tが5位）
b.　Q•SでSが勝ち、Q•TでTが勝利（Tが2位、RとSが3位、Qが5位）
c.　Q•Sで引き分け、Q•Tで引き分け（Qが2位、RとTが3位、Sが5位）
d.　Q•Sで引き分け、Q•TでTが勝利（Tが2位、RとQが3位、Sが5位）
Q・Sで引き分け、Q・TでQが勝った場合については、3位がRだけとなり、5つ目の条件に反する。したがって、その可能性はない。
以上から、Q・Tに2位の可能性がある。

【3】 **解答** F　カはどちらともいえないがキは誤り。

カはどちらともいえない。Qは前問のbの場合、全体では最下位になる。またcの場合は2位。dの場合は3位。
キは誤り。c・dの場合、いずれも0勝2分2敗で最下位になる。

【4】 **解答** C　ウのみ

アのみでは決まらない。Tが2位なのはbとdの可能性があり、決められない。
イのみでは決まらない。RとSが3位なのはaとbの可能性があり、決められない。
ウはこの条件だけで決められる。dの場合に決まる。

5 対応関係

▶ 問題は 38 ～ 43 ページ

1 問題文だけでわかるのは表中の黒字の部分。

	W	X	Y	Z	計
スペード	1	1	1	2	5
ハート	4	0	0	1	5
ダイヤ	0	3	1	1	5
クラブ	0	1	3	1	5
エース	2			1	4

X・Y・Zの発言から、ダイヤの5枚はすべて持ち主が決まる。したがって、Wはダイヤを持っていない。
また、Wの「同じ種類の4枚」は、スペード、ダイヤ、クラブだと枚数が合わず、ハートに決まる。そのため、X・Yはハートは持っていない。
さらに、Xの「他のマーク」は、ハートではないのでクラブ。これでクラブの5枚の持ち主も決まるため、Wはクラブを持っていない。そのため、Wはスペードを1枚持っており、他にY・Zもスペードを持っている。以上でマークはすべて決まる。
エースは、Wがスペードとハート。あとはZが1枚、X・Yのいずれかが1枚。

【1】 **解答** F アとウ
アは正しい。ハートを持っているW・Zは、いずれもスペードを持っている。
イは誤り。Wはスペードを持っているが、ダイヤは持っていない。
ウは正しい。クラブを持っているX・Y・Zは、いずれもダイヤを持っている。

【2】 **解答** B X　C Y　D Z
Wはダイヤを持っていないので可能性はない。

【3】 **解答** B カは正しいがキはどちらともいえない。
カは正しい。Wが2枚、X・Yのどちらかが1枚を持っている。
キはどちらともいえない。Yが持っているかどうか決められない。

【4】 **解答** B Xがダイヤのエースを持っている。
Aは決定できない。X・Y・Zのエースの種類について何も決定できない。
Bは決定できる。Xが1枚持っているのでYは持っていないことが確定するし、Zのエースはクラブであることもわかる。
Cは決定できない。そもそもスペードのエースを持っているのはWである。
Dは決定できない。残りの1枚をX・Yのどちらが持っているかがわからない。

2 まず正解を決定するため、PとQの答案を比較する。
Pが間違えたのは1問だけ。P・Qの解答で共通しているのは第2・4・5問だが、Pが間違えたのがこれらのうちのどれかなら、Pは第1・3・6問は正解していることになるため、Qはこの3問を間違えている。したがってQは2点となるが、これは問題の条件（Qは4点）に反する。したがって、Pは第1・3・6問のいずれかを間違えていた。
ということは、Pは第2・4・5問を正解しているため、この3問の正解はPの答案の通り決定できる。
次に、第1・3・6問の正解を決定する。Pが第1問を間違えていたら、Rは5点になるため、条件（Rは3点）に反する。したがって、第1問はPの解答が正解。ただし、第3・6問は決定できない。
以上から、正解が下記の2パターンに決定できる。

第1問	第2問	第3問	第4問	第5問	第6問
○	○	×	○	×	○
○	○	○	○	×	×

【1】 **解答** A アのみ
アはつねに正しい。イはつねに誤り。ウはどちらかに決められない。

【2】 **解答** A 第1問　B 第2問　C 第3問　F 第6問
第1・2問はつねに間違えている。第3・6問はいずれかを間違えている。

【3】 **解答** C 3点　E 5点
正解が上表の上段のときは5点。下段のときは3点。

【4】 **解答** I アもイも誤り。
アは、Qが第2問を間違えている可能性はないので、そもそも前半が誤り。
イは、Rが第3問を間違えているとすれば、正解は上表の上段のパターンになる。このとき、Pは第6問を正解していることになるため誤り。

3 「民法は1日おき」より、これは月・水・金。
また憲法・行政法は「月・火・水」「火・水・木」「水・木・金」がありうるが、いずれにせよ水曜日は必ず入る。したがって水曜日は、民法・憲法・行政法で決まる。
1日3コマなので、他の科目は水はありえないから、「民法と商法は2日だけ同じ日」というのは月・金になる。

	月	火	水	木	金
憲法	×	○	○	○	×
民法	○	×	○	×	○
刑法		○	×	○	
商法	○		×		○
行政法			○		

このとき、「憲法と刑法は2日だけ同じ日」は、月・金ではありえない（1日4コマになる）。水もありえないから、火・木に決まる。
問題文から推論できるのはここまでである。

【1】 **解答** B 民法　C 刑法　D 商法　E 行政法
上記の通り。憲法以外はすべて可能性がある。

【2】 **解答** A 月曜日　B 火曜日　D 木曜日　E 金曜日
上記の通り。火・木は確定、月・金もどちらか1つは入るため、両方に可能性がある。

【3】 **解答** E イとウ
アは誤り。商法が火・木のいずれかに入るため、行政法は「月・火・水」「水・木・金」のどちらかである。憲法のない月・金のどちらかは行政法もない。
イは正しい。商法がない日は水および火・木のうちどちらかだが、いずれも憲法はある。
ウは正しい。民法がないのは火・木だが、どちらも刑法は必ずある。

【4】 **解答** A アもイも正しい。
アは正しい。3日連続で受講する行政法は、「月・火・水」「水・木・金」のどちらかのため、火・木のうち少なくともどちらか1つは必ず入り、その日がこの3科目になる。
イは正しい。行政法が「月・火・水」のときは月、「水・木・金」のときは金がこの3科目となる。

6 割合・比率

▶ 問題は 48 ～ 53 ページ

1【1】 解答 D 58%

男性の 48% は 3500 人× 48% ＝ 1680 人。
女性の 72% は、2500 人× 72% ＝ 1800 人。
したがって、「はい」と答えた合計は、1680 ＋ 1800 ＝ 3480 人。
全体の人数は 3500 ＋ 2500 ＝ 6000 人なので、全体に占める割合は、
3480 ÷ 6000 ＝ 58%。

【2】 解答 D 27%

全体の 20% は、6000 人× 20% ＝ 1200 人。
男性の 15% は、3500 人× 15% ＝ 525 人。
したがって女性の数は、1200 人－ 525 人＝ 675 人。
割合でいうと、675 ÷ 2500 ＝ 27%。

【3】 解答 B 65%

全体の 39.5% は、6000 × 39.5% ＝ 2370 人。
したがって、男性で「はい」と答えたのは、2370 － 830 ＝ 1540 人。
2370 人のうちの 1540 人は、1540 ÷ 2370 ＝ 0.649....。
65% がもっとも近い。

2 右のような表をつくっておく。オスが 40% なので、メスは 60%。猫のメスは 5% なので、犬のメスは 60 － 5 ＝ 55%。また、犬が 80% なので猫は 20%。猫のメスが 5% なので、猫のオスは 20 － 5 ＝ 15%。これで表が完成する。右下の通り。

	オス	メス	合計
犬			80%
猫		5%	
合計	40%		

	オス	メス	合計
犬	25%	55%	80%
猫	15%	5%	20%
合計	40%	60%	

【1】 解答 A 21 匹

猫のオスは 15%。
140 匹の 15% は、140 × 15%＝ 21 匹。

【2】 解答 C 69%

犬は、オスが 25%、メスが 55%。合わせて 80%なので、メスの比率は
$\frac{55}{80}$＝ 68.75%。C がもっとも近い。

【3】 **解答** C　犬のメスのほうが 70 匹多い。

犬のメスは、$140 \times \frac{55}{100} = 77$ 匹。猫のメスは、$140 \times \frac{5}{100} = 7$ 匹。

$77 - 7 = 70$ 匹。

3 【1】 **解答** F　16800 円

$350000 \times \frac{12}{100} \times \frac{40}{100} = 16800$ 円。

【2】 **解答** D　20%

ローン返済は $350000 \times \frac{18}{100} = 63000$ 円である。このうち 12600 円が自動車ローンなので、$12600 \div 63000 = 20\%$ となる。

【3】 **解答** D　23%

1 か月の食費は 25%なので、$350000 \times \frac{25}{100} = 87500$ 円。ここからいくらか減らして 2 万円を捻出するので、$87500 \times x = 20000$ が成り立つ。

これを解くと、$x = 20000 \div 87500 = 22.85714...\%$。23% がもっとも近い。

4 【1】 **解答** F　11/18

水墨画以外のスペースは $1 - \frac{2}{9} = \frac{7}{9}$。油彩画はこのうち $\frac{3}{14}$ なので、

$\frac{7}{9} \times \frac{3}{14} = \frac{1}{6}$。したがって、$\frac{7}{9} - \frac{1}{6} = \frac{11}{18}$。

【2】 **解答** D　11/48

5：3 の比率ということは、残りのスペースのうち $\frac{5}{8}$ が水墨画、$\frac{3}{8}$ が水彩画ということ。したがって水彩画は、$\frac{11}{18} \times \frac{3}{8} = \frac{11}{48}$。

【3】 **解答** E　29/48

油彩画が $\frac{7}{9} \times \frac{3}{14} = \frac{1}{6}$、水彩画が $\frac{11}{48}$ なので、

$1 - \left(\frac{1}{6} + \frac{11}{48}\right) = \frac{29}{48}$。

5 【1】 **解答** E　805 世帯

男児が 1 人いる世帯数を x、2 人いる世帯数を y とする。

x の男児は x 人。2 人の世帯数は $2y$ 人。したがって、$x + 2y = 1495$。

また合計世帯数は $x + y$ なので、$(x + y) \times 70\% = x$、

整理すると $x = \frac{7}{3}y$。これを解くと $x = 805$、$y = 345$。

したがって、1 人いる世帯は 805 世帯。

【2】 **解答** D　32.5%

女児が 1 人いる世帯数を x、2 人世帯数を y とすると、3 人世帯数は
$y - 308$。
したがって、$x + 2y + 3(y - 308) = 1596$、
整理すると $x + 5y = 2520$。…①

また、全世帯は $x + y + (y - 308)$ なので、1 人世帯は次の通り。
$\{x + y + (y - 308)\} \times 62.5\% = x$
整理すると、$625x + 1250y - 192500 = 1000x$、
$375x - 1250y = -192500$、
$3x - 10y = -1540$。…②

①②を連立方程式にして解くと、$y = 364$、$x = 700$。
したがって 1 人世帯 700、2 人世帯 364、3 人世帯 56。
総世帯数は 1120 世帯（700 + 364 + 56）なので、2 人世帯が占める割合は
$\frac{364}{1120} = 32.5\%$。

6【1】 **解答** F　32%

女子のうち 75% は、24 × 75% = 18 人。
現時点の吹奏楽部員は 32 + 24 = 56 人なので、18 人が占める割合は、
18 ÷ 56 = 0.321…となる。
したがって、32% がもっとも近い。

【2】 **解答** D　14 人

新入生 39 人を合わせると、吹奏楽部全体の部員数は 56 + 39 = 95 人。
このうち 60% が男子なので、全体のうち男子は 95 × 60% = 57 人。
もともとの男子は 32 人なので、新入生の男子は 57 − 32 = 25 人。
したがって新入生の女子は、39 − 25 = 14 人。

【3】 **解答** D　33%

全部員数が 95 人なので、その 40% は 95 × 40% = 38 人。
男女半々なので、大会に出場できる男子は 38 × 50% = 19 人。
男子の人数は前問から 57 人なので、そのうち 19 人が占める割合は
19 ÷ 57 = 0.333...。したがって、33% がもっとも近い。

7　速度・旅人算

▶ 問題は 58 ～ 67 ページ

1【1】 **解答** A　28km

42km/ 時で 40 分 $\left(\frac{40}{60}\text{時間}\right)$ かかるので、$42 \times \frac{40}{60} = 28$km。

【2】 **解答** C　11 時 10 分

自転車は 10.8km/ 時で 1.8km を走るので、移動時間は $1.8 \div 10.8 = \frac{1}{6}$ 時間 $= 10$ 分。

あとは車で 40 分、職場で 15 分なので、$10 + 40 + 15 = 65$ 分前に自宅を出ればいい。

12 時 15 分の 65 分前は 11 時 10 分。

【3】 **解答** G　A ～ F のいずれでもない

10 時 10 分に着くはずが 10 時 25 分に着いたので、本来の移動時間より 15 分多く走ったことになる。

したがって、$10.8 \times \frac{15}{60} = 2.7$km 遠回りした。

2【1】 **解答** F　7km

3km/ 時だと 4km/ 時より 35 分多くかかる。距離を x とすると、

$x \div 3 - x \div 4 = \frac{35}{60}$。これを解くと、$\frac{1}{12}x = \frac{35}{60}$。$x = 7$。

【2】 **解答** D　3.5km/ 時

3km/ 時で 7km 行くと、時間は $7 \div 3 = \frac{7}{3}$時間、すなわち 2 時間 20 分。

これがいつもより 20 分多いので、いつもは 2 時間のはず。

したがって、$7 \div 2 = 3.5$km/ 時。

3【1】 **解答** D　14 分後

右のような図を描いて考える。2 人がすれ違った時間を出発の x 分後とする。

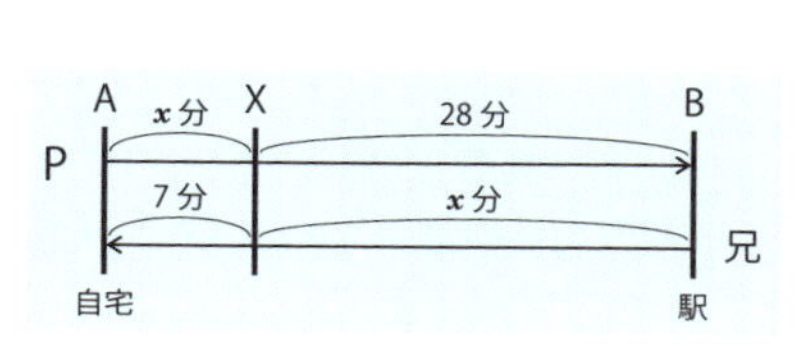

P は等速度で移動しているので、距離 AX：BX は時間の比 x：28 に等しい。したがって、AX：BX ＝ x：28 である。

兄も同様に、距離 AX：BX は時間の比 7：x に等しい。

したがって、AX：BX ＝ 7：x である。

以上より、x：28 ＝ 7：x が成り立つ。$x^2 = 196$、$x = 14$。

4 南端から北端までの距離は、85 × 11 = 935km である。

【1】 解答 D 5 時間
82km/ 時で走った時間を $\boldsymbol{x}$ 時間とすると、75km/ 時で走った時間は 12 − $\boldsymbol{x}$。
これより、速さ×時間＝距離。75（12 − $\boldsymbol{x}$）＋ 82$\boldsymbol{x}$ = 935。
したがって、$\boldsymbol{x}$ = 5 時間。

【2】 解答 E 200km
速さ×時間＝距離。P の走行距離は 95 × 4.2 = 399km、Q の走行距離は 80 × 4.2 = 336km なので、走行距離の合計は 399 ＋ 336 = 735km。
したがって、全長より 935 − 735 = 200km 短い。これがインターチェンジの場所にあたる。

5 **【1】 解答 F** 5.6km
42km/ 時を分速に直すと、42 ÷ 60 = 0.7。
すなわちバスは 1 分で 0.7km 進む。
15 時 57 分の地点は Q に到着するまで 8 分の地点。
Q からの距離は 8 分× 0.7km = 5.6km。

【2】 解答 D 22km
33km/ 時で $\frac{40}{60} = \frac{2}{3}$ 時間進むので、$33 \times \frac{2}{3} = 22$km。

【3】 解答 E 16 時 42 分
バスが Q を出る 16 時 10 分時点の 2 台の差を考える。
P・Q 間の距離は $42 \times \frac{20}{60} = 14$km。
自動車は $45 \times \frac{10}{60} = 7.5$km 進んでいるので、差は 14 − 7.5 = 6.5km。
バスと自動車の時速の差は、45 − 33 = 12km/ 時なので、1 時間あたり 12km 追いつくことができる。
6.5km を追いつく時間は $\frac{6.5}{12}$ 時間＝ $\frac{32.5}{60}$ 時間＝ 32.5 分。
16 時 10 分の 32.5 分後は 16 時 42 分 30 秒。
秒数切り捨てで 16 時 42 分が正解。

6【1】 解答 E 24km/時

該当する時間帯は15時から16時35分までの1時間35分。
この時間で12＋15＋11＝38km走ったことになる。
したがって、$38 \div 1\frac{35}{60} = 24$。24km/時が正解。

【2】 解答 C 10km

4・5区で25＋25＝50分かかっている。
したがって、区間の合計距離は$21.6 \times \frac{50}{60} = 18$km。
4区が8kmなので、5区は18－8＝10km。

【3】 解答 B 18時15分

7kmの道のりを21km/時で走るのにかかる時間は、$7 \div 21 = \frac{1}{3}$時間、すなわち20分。
したがって、17時55分の20分後、18時15分。

【4】 解答 E 23.5km/時

17時15分は5区の走者が走っている。5区の区間は10kmであり、25分で走っている。
17時15分は5区が終わる10分前なので、$10 \times \frac{10}{25} = 4$、すなわち5区が終わるまで4kmの地点。
6区以降の距離は11＋7＋11＋14＝43kmなので、5区の4kmを合わせると、残りは43＋4＝47km。
これを2時間で走ったので、その区間の平均速度は47÷2＝23.5km/時。

7【1】 解答 A 8時20分

速度が6km/時ぶん速くなると、到着が40分、すなわち$\frac{2}{3}$時間早くなる。
ということは、移動する距離をxとすると、$x \div 18 = x \div 24 + \frac{2}{3}$。
これを解くと、$\frac{x}{72} = \frac{2}{3}$、$x = 48$。
48kmの地点にいるということは、24km/時だと2時間かかる。
10時20分の2時間前は8時20分。

【2】 解答 E 11時32分

48kmを15km/時で行くとかかる時間は48÷15＝3.2、すなわち3時間12分。
8時20分の3時間12分後は11時32分。

8【1】 **解答** D　48分

1分で50m差がつくので、2400mのトラックでは周回遅れになるまでに2400 ÷ 50 = 48分かかる。

【2】 **解答** E　600m

Qは5周半したので、スタートから1200mの地点にいる(2400 × 0.5 = 1200)。

ここまでにかかる時間は、(2400 × 5.5) ÷ 220 = 60分。

したがってPは60 − 15 = 45分周回していたことになるので、その距離は200 × 45 = 9000m。

9000 ÷ 2400 = 3あまり1800より、Pはスタートから1800mの地点にいる。

2人の差は、1800 − 1200 = 600m。

【3】 **解答** B　2分40秒後

Pは18分で18 × 200 = 3600m走っているが、これはスタートから1200mの地点(3600 − 2400 = 1200)。

Rは逆方向なので、2人の距離は2400 − 1200 = 1200m離れている。

これが1分で200 + 250 = 450m縮まるので、1200mの差がゼロになるのは$\frac{1200}{450} = \frac{8}{3} = 2\frac{2}{3}$分後。

すなわち、2分40秒後である。

【4】 **解答** A　540 m

Pが4周するのにかかる時間は、(2400 × 4) ÷ 200 = 48分。これは、Rがスタートしてから30分、Qがスタートしてから18分の時点。

Rは30分で30 × 250 = 7500m走る。7500 ÷ 2400 = 3あまり300なので、3周と300mの地点(ただしスタートから逆方向)。

Qは18分で18 × 220 = 3960m走る。3960 ÷ 2400 = 1あまり1560なので、1周と1560mの地点。

したがって両者は、1560 − (− 300) = 1860m離れている。

より近いほうでいえば、1周2400mなので、2400 − 1860 = 540mとなる。

9 右のような図で考える。

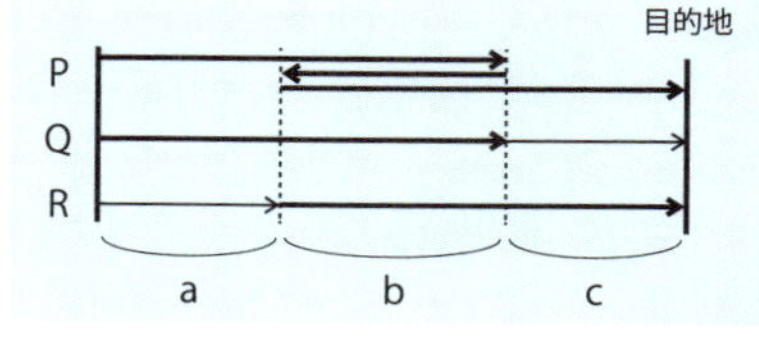

これによると、Qはオートバイで(a＋b)、徒歩でcの区間を移動している。
またRは、オートバイで（b＋c)、徒歩でaの区間を移動している。
これで同じ時間に到着したので、a＝cであることがわかる。
PがRに出会うまでに、Pは24km/時でa＋b＋b、Rは4km/時でaの区間を移動している。
したがって、(a＋b＋b) ÷ 24＝a ÷ 4が成り立つ。
これを解くと、$\frac{2}{24}$b＝$\frac{5}{24}$a、a＝$\frac{2}{5}$b、b＝ $\frac{5}{2}$a、となる。
a＋b＋c＝18kmなので、a＝cより2a＋b＝18。
これにb＝ $\frac{5}{2}$aを代入すると、a＝4km、b＝10km。
したがって、c＝4km。

【1】 解答 D 3.5倍

オートバイでa＋b＝14km、徒歩でc＝4km移動したので14 ÷ 4＝3.5倍。

【2】 解答 B 60分

徒歩なのはa＝4km。徒歩の速度は4km/時なので、4 ÷ 4＝1、ちょうど1時間。

【3】 解答 C 8時25分

Rを基準に考える。4km/時で1時間歩いて4km進み、あとの14kmはオートバイで24km/時で移動する。
オートバイの移動時間は14 ÷ 24＝$\frac{7}{12}$時間＝35分。
したがって、Rの移動時間は1時間35分。
到着した10時の1時間35分前は8時25分。

10 全区間で 91.5km なので、X・Y を a とすると、Y・Z は a − 11、
W・X は 91.5 − {a +（a − 11)} = 102.5 − 2a である。

【1】 **解答** **D** 87km/ 時

W・X は 15 分なので、時速は（102.5 − 2a）÷ $\frac{15}{60}$ となる。

また Y・Z は 20 分なので、時速は（a − 11 ）÷ $\frac{20}{60}$ となる。

これが W・X のほうが 3km/ 時速いので、次の式が成り立つ。

(102.5 − 2a）÷ $\frac{15}{60}$ = (a − 11) ÷ $\frac{20}{60}$ + 3、これを解くと、a = 40。

したがって、W・X 区間 22.5km、X・Y 区間 40km、Y・Z 区間 29km となる。

Y・Z 区間は 20 分で 29km なので、時速は 29 ÷ $\frac{20}{60}$ = 87km/ 時。

【2】 **解答** **E** 12 時 10 分

12 時 05 分に、上りは Y 駅に、下りは Z 駅から 10 分のところにいる。

前問より Z・Y 区間は 29km なので、20 分で通過する下り電車は時速 87km/ 時。

したがって、10 分では 14.5km 進むので $\left(87 \times \frac{10}{60}\right)$、

Y 駅までは 29 − 14.5 = 14.5km のところにいる。

このとき、上りも下りも 87 × $\frac{1}{60}$ = 1.45km/ 分なので、両者の差は 1 分で 2.9km 縮まる。

したがって、14.5km 縮まるのにかかる時間は、14.5 ÷ 2.9 = 5 分。

12 時 05 分の 5 分後は 12 時 10 分。

別解 Y・Z 区間は上りも下りも 20 分かかっているので、上りと下りの電車の速さは同じ。

上り電車が Y 駅を出発する 12 時 05 分には、下り電車は Z 駅を 11 時 55 分に出発してから 10 分経過して Y・Z の中間点にいる。

残り 10分の距離を、上りと下りが同じ速度で近づくので、すれ違うのは 5 分後。

12 時 05 分の 5 分後は 12 時 10 分。

8 場合の数

▶ 問題は 72 ～ 75 ページ

1【1】 解答 C　30 通り

英単語 5 問の中から 2 問を選ぶのは、${}_5C_2 = \dfrac{5 \times 4}{2 \times 1} = 10$ 通り。

英文法 3 問の中から 2 問を選ぶのは、${}_3C_2 = \dfrac{3 \times 2}{2 \times 1} = 3$ 通り。

したがって、$10 \times 3 = 30$ 通り。

【2】 解答 B　46 通り

英単語 5 問と英文法 3 問の中から 5 問を選ぶのは、${}_8C_5 = 56$ 通り。

「英単語を少なくとも 3 問含む」ということは、

全事象から「英単語 2 問と英文法 3 問」の組み合わせを引けばよい。

$56 - {}_5C_2 \times {}_3C_3 = 46$ 通り。

【3】 解答 B　45 通り

英単語 4・英文法 1 の場合、${}_5C_4 \times {}_3C_1 = 5 \times 3 = 15$ 通り。

英単語 3・英文法 2 の場合、${}_5C_3 \times {}_3C_2 = 10 \times 3 = 30$ 通り。

したがって、$15 + 30 = 45$ 通り。

2【1】 解答 D　36 通り

女性役が 6 通り。老人役が 3 通り。外国人役が 2 通り。

したがって、場合の数は $6 \times 3 \times 2 = 36$ 通り。

【2】 解答 C　4200 通り

女性役は 8 人から 2 人なので、${}_8C_2 = 28$ 通り。

老人役は 6 人から 2 人なので ${}_6C_2 = 15$ 通り。

外国人役は 5 人から 2 人なので ${}_5C_2 = 10$ 通り。

以上から、$28 \times 15 \times 10 = 4200$ 通り。

【3】 解答 E　216000 通り

女性役は、P が 6 通り、Q が P 以外の 5 通り。したがって、$6 \times 5 = 30$ 通り。

老人役は、R が 5 通り、S が 4 通り、T が 3 通り。あとの 1 人は残りの 2 人からなので 2 通り。したがって、$5 \times 4 \times 3 \times 2 = 120$ 通り。

外国人役は、U が 5 通り、V が 4 通り、あとの 2 人は残りの 3 人からなので、${}_3C_2 = 3$ 通り。したがって、$5 \times 4 \times 3 = 60$ 通り。

以上から、$30 \times 120 \times 60 = 216000$ 通り。

3 【1】 **解答** C　4320通り

招待選手は3人で、このうち2人が2位までに入ればよいので、組み合わせは ${}_3P_2$ ＝ 6通り。
あとの6人はどのような順位でもいいので、
6! ＝ 6 × 5 × 4 × 3 × 2 × 1 ＝ 720通り。
（※ 6つのものの順列＝ 6! ← a! ＝ a × (a － 1) × (a － 2) ×…× 1）
したがって、6 × 720 ＝ 4320通り。

【2】 **解答** A　1440通り

1 ～ 3位を占める可能性があるのは日本とアメリカのみ。
日本が占めた場合、3位までの組み合わせは 3! ＝ 3 × 2 × 1通り。
残りの5人はどの順位でもいいので、5! ＝ 5 × 4 × 3 × 2 × 1通り。
したがって、3 × 2 × 1 × 5 × 4 × 3 × 2 × 1 ＝ 720通り。
アメリカの場合も同じなので、720通り× 2 ＝ 1440通り。

【3】 **解答** F　2880通り

「アメリカとロシアの個人参加選手」は、STVWの4人。この4人が3位までに入れなかったので、3位まではPQRUの4人。
つまり、4人から3人を選んで順位をつけるので、${}_4P_3$ ＝ 4 × 3 × 2 ＝ 24通り。
4位以下は、3位までに入れなかった1人とSTVWの4人で、合わせて5人。
5人の順位をつけるのは、5! ＝ 5 × 4 × 3 × 2 × 1 ＝ 120通り。
したがって、これらを同時に満たす組み合わせは、24 × 120 ＝ 2880通り。

【4】 **解答** D　7200通り

個人参加選手は5人なので、1 ～ 3位に入る組み合わせは ${}_5P_3$ ＝ 60通り。
それ以外の5人（1 ～ 3位以外の個人参加選手2人と、招待選手3人）はどの順位でもいいので、5! ＝ 120通り。したがって、60 × 120 ＝ 7200通り。

9 確率

▶ 問題は 78 ～ 81 ページ

1 表裏ともに赤いコインを a、表が赤で裏が白のコインを b とする。

【1】 **解答** **E** 11/14

赤が出る場合は、a を取り出した場合と、b を取り出して表が出た場合の 2 通り。

前者は、a を取り出す確率が $\frac{4}{7}$、赤が出る確率が 1 なので、$\frac{4}{7}$。

後者は、b を取り出す確率が $\frac{3}{7}$、赤が出る確率が $\frac{1}{2}$ なので、

$\frac{3}{7} \times \frac{1}{2} = \frac{3}{14}$。

したがって、$\frac{4}{7} + \frac{3}{14} = \frac{11}{14}$。

【2】 **解答** **C** 17/28

a が 2 枚の場合、全事象は、7 枚から 2 枚を取り出すので、${}_7C_2$

条件を満たす事象は、4 枚から 2 枚を取り出すので、${}_4C_2$

したがって、$\frac{{}_4C_2}{{}_7C_2} = \frac{6}{21} = \frac{2}{7}$。

a が 1 枚・b が 1 枚の場合、

a を 1 枚、b を 1 枚取り出す確率は、$\frac{{}_4C_1 \times {}_3C_1}{{}_7C_2} = \frac{4}{7}$。

これに、b が表となる確率を掛けるので、$\frac{4}{7} \times \frac{1}{2} = \frac{2}{7}$。

b が 2 枚の場合、$\frac{{}_3C_2}{{}_7C_2} \times \frac{1}{2} \times \frac{1}{2} = \frac{1}{28}$。

したがって確率は、$\frac{2}{7} + \frac{2}{7} + \frac{1}{28} = \frac{17}{28}$。

【3】 **解答** **B** 11/28

b が 2 枚の場合、

$\frac{{}_3C_2}{{}_7C_2} \times \frac{3}{4} = \frac{3}{28}$。

※ b を 2 枚取り出したとき、両方とも赤の確率は $\frac{1}{4}$。

　ということは、少なくとも 1 枚白が含まれる確率は $\frac{3}{4}$。

b が 1 枚の場合、a を 1 枚、b を 1 枚取り出す確率は、$\frac{{}_4C_1 \times {}_3C_1}{{}_7C_2} = \frac{4}{7}$。

これに、b が裏となる確率を掛けるので、$\frac{4}{7} \times \frac{1}{2} = \frac{2}{7}$。

したがって確率は、$\frac{3}{28} + \frac{2}{7} = \frac{11}{28}$。

2【1】 **解答** F　9/50

RがPに勝つ確率は $\frac{7}{10}$ で、引き分けがないので、PがRに勝つ確率は
$1 - \frac{7}{10} = \frac{3}{10}$ である。

したがって、$\frac{3}{5} \times \frac{3}{10} = \frac{9}{50}$。

【2】 **解答** E　12/25

QがPに負けてRに勝つ場合、$\frac{3}{5} \times \frac{2}{5} = \frac{6}{25}$。
QがPに勝ってRに負ける場合、$\frac{2}{5} \times \frac{3}{5} = \frac{6}{25}$。

したがって、$\frac{6}{25} + \frac{6}{25} = \frac{12}{25}$。

【3】 **解答** F　13/50

1回戦の組み合わせは、PQ、PR、QRの3通り。どれも確率は等しいはずなので、
それぞれ $\frac{1}{3}$ である。

1回戦がPQの場合、PはQに勝ち $\left(\frac{3}{5}\right)$、次にRに勝つ $\left(\frac{3}{10}\right)$ ので、
$\frac{1}{3} \times \frac{3}{5} \times \frac{3}{10} = \frac{3}{50}$。

1回戦がPRの場合、PはRに勝ち $\left(\frac{3}{10}\right)$、次にQに勝つ $\left(\frac{3}{5}\right)$ ので、
$\frac{1}{3} \times \frac{3}{10} \times \frac{3}{5} = \frac{3}{50}$。

1回戦がQRの場合、Qが勝って $\left(\frac{2}{5}\right)$、決勝戦でPがQに勝つ $\left(\frac{3}{5}\right)$ 場合は、
$\frac{1}{3} \times \frac{2}{5} \times \frac{3}{5} = \frac{2}{25}$。
または、Rが勝って $\left(\frac{3}{5}\right)$、決勝戦でPがRに勝つ $\left(\frac{3}{10}\right)$ 場合は、

$\frac{1}{3} \times \frac{3}{5} \times \frac{3}{10} = \frac{3}{50}$。

これらをすべて足すと、$\frac{3}{50} + \frac{3}{50} + \frac{2}{25} + \frac{3}{50} = \frac{13}{50}$。

3 便宜上、3人をP、Q、Rとする。全事象は3人がそれぞれ3通りの手を出せるので、3×3×3＝27通り。あらゆる確率を、次のように場合分けする。

あいこ	全員が異なる手の場合、Pの手は3種類、QがP以外の2種類、RがP・Q以外の1種類。したがって、3×2×1＝6通り。 全員が同じ手の場合、どの手であいこになるかにより、3通り。したがって、6＋3＝9通り。	a
1人勝ち	3人のうちの誰かがグー、チョキ、パーのいずれかの手で勝つので、3×3＝9通り。	b
2人勝ち	3人のうちの誰かがグー、チョキ、パーのいずれかの手で負けるので、3×3＝9通り。	c

なお、1回目で1人だけ負けたとき、2回目では2人だけでじゃんけんをすることになる。2人のときは次の通り。なお、全事象は3×3＝9通り。

あいこ	どの手であいこになるかにより、3通り。	d
1人勝ち	2人のうちどちらかがグー、チョキ、パーのいずれかの手で勝つので、2×3＝6通り。	e

【1】 **解答** C　2/3

aの場合、$\frac{9}{27}$。またcの場合、$\frac{9}{27}$。したがって、$\frac{9}{27}+\frac{9}{27}=\frac{2}{3}$。

【2】 **解答** B　1/3

1回目a、2回目bの場合、$\frac{9}{27}\times\frac{9}{27}=\frac{1}{9}$。

1回目c、2回目eの場合、$\frac{9}{27}\times\frac{6}{9}=\frac{2}{9}$。

以上より、$\frac{1}{9}+\frac{2}{9}=\frac{1}{3}$。

【3】 **解答** B　1/3

1回目も2回目もaの場合、$\frac{9}{27}\times\frac{9}{27}=\frac{1}{9}$。

1回目c、2回目dの場合、$\frac{9}{27}\times\frac{3}{9}=\frac{1}{9}$。

1回目a、2回目cの場合、$\frac{9}{27}\times\frac{9}{27}=\frac{1}{9}$。

したがって、$\frac{1}{9}+\frac{1}{9}+\frac{1}{9}=\frac{1}{3}$。

4 全部で何枚あるかを考える。
黒札の絵札は 4 × 2 = 8 枚なので、P は 52 − 8 = 44 枚。
赤札は 13 × 2 = 26 枚なので、Q は 52 − 26 = 26 枚。
赤札の絵札は 4 × 2 = 8 枚なので、R は 52 − 8 = 44 枚。
したがって、合計の枚数は 44 + 26 + 44 = 114 枚。

【1】 解答 D 8/57
黒札の絵札は、P 以外の組に 8 × 2 = 16 枚あるはず。
したがって、$\frac{16}{114} = \frac{8}{57}$。

【2】 解答 E 255/8588
全事象は ${}_{114}C_3$ 通り。
赤札の数札は P、R に 9 × 2 = 18 枚ずつなので、全部で 18 × 2 = 36 枚。
この中から 3 枚を選ぶ組み合わせは、${}_{36}C_3$ 通り。
したがって、$\frac{{}_{36}C_3}{{}_{114}C_3} = \frac{255}{8588}$。

【3】 解答 C 128/6441
全事象は ${}_{114}C_2$ 通り。
黒札の絵札は【1】より 16 枚。
赤札の絵札は P にしかないので、4 × 2 = 8 枚。
したがって、黒札の絵札 1 枚と赤札の絵札 1 枚の組み合わせは、${}_{16}C_1 \times {}_{8}C_1$ となる。
したがって、$\frac{{}_{16}C_1 \times {}_{8}C_1}{{}_{114}C_2} = \frac{128}{6441}$。

10 集合

▶ 問題は 84 ～ 87 ページ

1 【1】 **解答** D　90 人

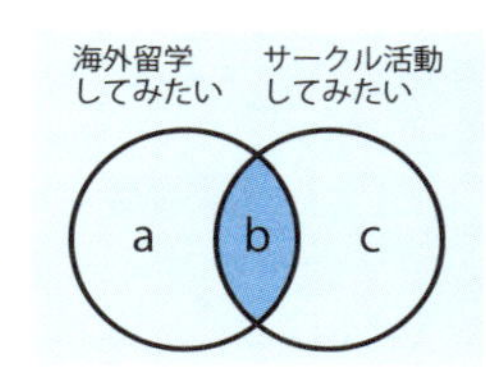

図によると、次の式が成り立つ。

a ＋ b ＝ 280、c ＋ b ＝ 330、a ＝ 40

したがって、b ＝ 240、c ＝ 90。

「サークル活動はしてみたいが海外留学はしてみたくない」は図中の c なので、90 人が正解。

【2】 **解答** A　10 人

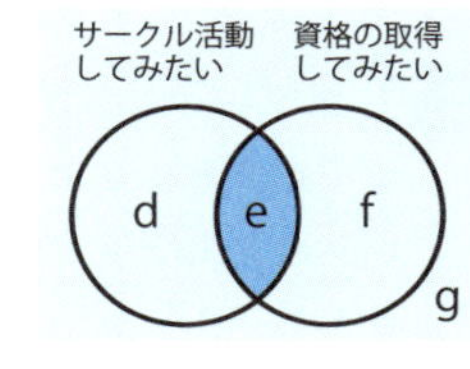

図によると、次の式が成り立つ。

d ＋ e ＝ 330、e ＋ f ＝ 150、e ＝ 90

したがって、d ＝ 240、f ＝ 60。

このとき、d ＋ e ＋ f ＋ g ＝ 400 なので、

240 ＋ 90 ＋ 60 ＋ g ＝ 400

したがって、g ＝ 10 となる。

【3】 **解答** E　330 人

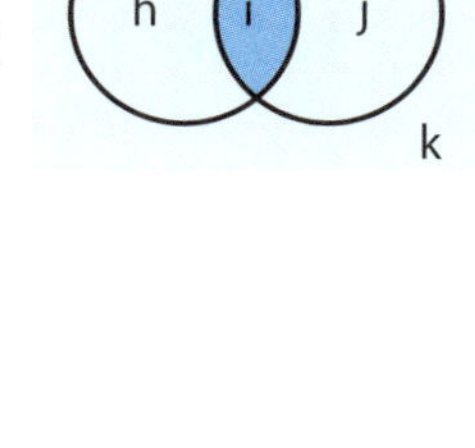

「どちらか一方だけしてみたい人」は、図によると、h ＋ j となる。このとき、次の式が成り立つ。

h ＋ i ＝ 280、i ＋ j ＝ 150、k ＝ 20

このとき、h ＋ i ＋ j ＋ k ＝ 400 なので、上の 2 つの式を代入すると、280 ＋ j ＋ 20 ＝ 400、

したがって j ＝ 100。

これにより i ＝ 50、h ＝ 230 もわかる。

以上から、h ＋ j ＝ 230 ＋ 100 ＝ 330 人。

2 右図から、次の式が成り立つ。

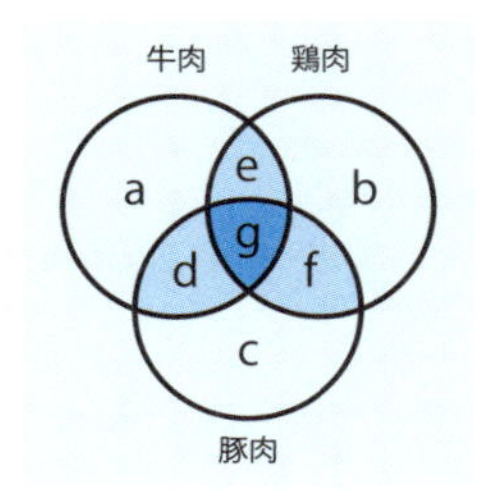

a ＋ d ＋ e ＋ g ＝ 67（イ）

c ＋ d ＋ f ＋ g ＝ 35（ロ）

b ＋ e ＋ f ＋ g ＝ 51（ハ）

d ＋ g ＝ 32（ニ）

a ＝ 22（ホ）

【1】 **解答** E　13人

牛肉と鶏肉の2種類のみを食べた人は、図中では領域e。

式イに式ニを代入すると、$a + e + 32 = 67$。

これに式ホを代入すると、$22 + e + 32 = 67$。

したがって、$e = 13$。

【2】 **解答** D　24人

牛肉と豚肉の2種類を食べた人は、図中では領域d。

「牛肉と鶏肉を食べた人」は$e + g$。これが21人なので、$e + g = 21$。

$e = 13$なので、$g = 8$。

式ニより、$d + 8 = 32$なので、$d = 24$。

3 右図から、次の式が成り立つ。

$a + d + e + g = 13$（イ）

$c + e + f + g = 11$（ロ）

$b + d + f + g = 10$（ハ）

$e = 4$（ニ）

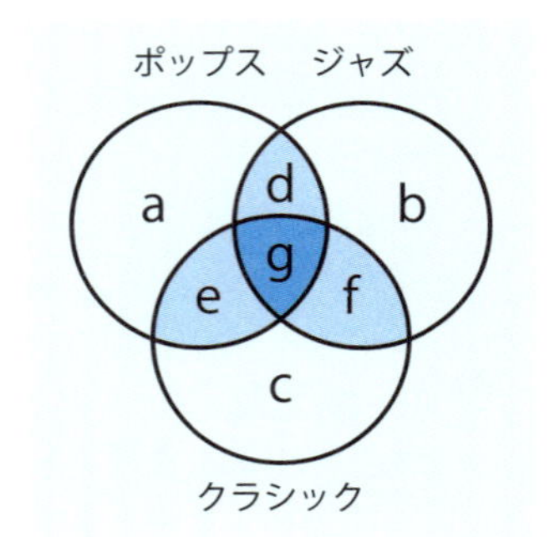

【1】 **解答** C　7人

式ニを式イ、ロにそれぞれ代入する。

$a + d + 4 + g = 13$、

したがって$a + d + g = 9$（式イⅡ）

$c + 4 + f + g = 11$、したがって$c + f + g = 7$（式ロⅡ）

a・c・d・fはゼロの可能性があるため、gの最大値は式イⅡのとき9、式ロⅡのとき7である。

8以上のときに式ロⅡと矛盾するので、とりうる最大値は7である。

【2】 **解答** B　2人

「ポップスのみ、もしくはポップスとジャズの2種類」は$a + d$で表される。

前問よりgの最大値が7ということは、式イⅡより、$a + d$は少なくとも2でなければならない。

4【1】 **解答** C　31人

右図から、次の式が成り立つ。

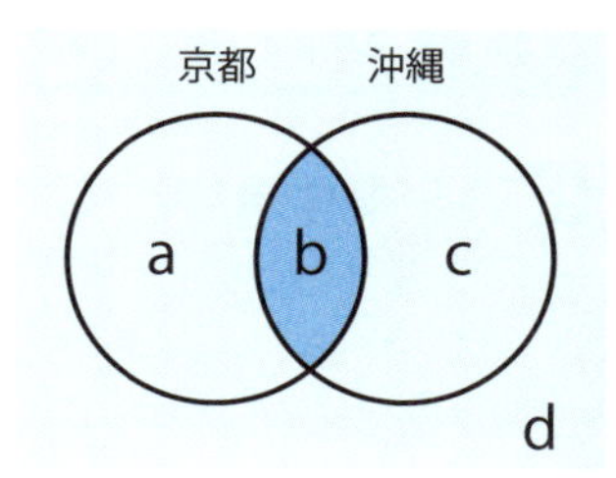

$a + b = 57$（イ）

$b + c = 49$（ロ）

$c = 12$（ハ）

式イ・ハより、$a + b + c = 57 + 12 = 69$。

$a + b + c + d = 100$ より、

$69 + d = 100$。

したがって、$d = 31$。

【2】 **解答** F　51人

右図から、次の式が成り立つ。

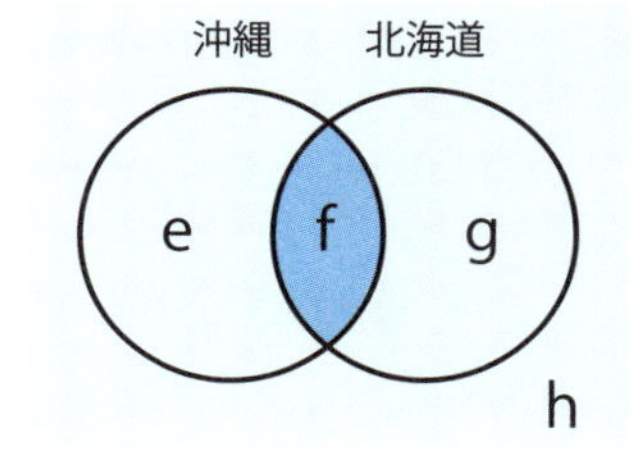

$e + f = 74$（イ）

$f + g = 52$（ロ）

$h = 25$（ハ）

式ハを $e + f + g + h = 100$ に代入すると、

$e + f + g = 75$。

これに式イを代入。$74 + g = 75$。

したがって、$g = 1$。

式ロより、$f = 52 - 1 = 51$。

【3】 **解答** B　28人

右図から、次の式が成り立つ。

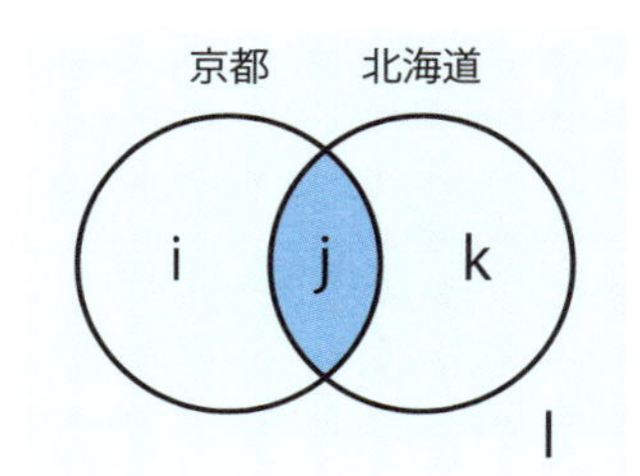

$i + j = 57$（イ）

$j + k = 29$（ロ）

$l = 2j$（ハ）

$i + j + k + l = 100$ に式ハを代入。

$i + j + k + 2j = 100$（ニ）。

式イ ＋ 式ロで、$i + j + j + k = 86$（ホ）。

式ニ － 式ホで、$j = 14$。

したがって、$l = 2j = 28$。

11 表計算・資料解釈

▶ 問題は 92 ～ 99 ページ

1 【1】 **解答** B イのみ

それぞれの年の 50 ～ 60 歳未満の人数について考える。
2000 年は人口 22 万人で構成比 23% なので、22 × 23% = 5.06 万人。
2005 年は人口 20 万人で構成比 24% なので、20 × 24% = 4.8 万人。
2010 年は人口 16 万人で構成比 21% なので、16 × 21% = 3.36 万人。

これをもとにして考える。
アは、5.06 万人から 4.8 万人に減少しているので誤り。
イは、4.8 万人から 3.36 万人になっているので減少数は 1.44 万人。したがって正しい。
ウは、5.06 万人から 3.36 万人なので、減少したのは 1.7 万人。したがって誤り。

【2】 **解答** C ウのみ

まず、各年の 40 歳未満の人口を正確に算出する。
2000 年は、割合は 10 ＋ 14 ＋ 16 ＝ 40%。
したがって人口は、22 万人× 0.4 ＝ 8.8 万人。
2005 年は、割合は 8 ＋ 12 ＋ 14 ＝ 34%。
したがって人口は、20 万人× 0.34 ＝ 6.8 万人。
2010 年は、割合は 7 ＋ 11 ＋ 16 ＝ 34%。
したがって人口は、16 万人× 0.34 ＝ 5.44 万人。

これをもとに選択肢を考える。
アは、8.8 万人から 6.8 万人に減少しているので誤り。
イは、割合は 34% で同じだが、総人口が減っているので人口も減っている。したがって誤り。
ウは、8.8 万人から 5.44 万人になっているので、減少数は 3.36 万人。したがって正しい。

【3】 **解答** **E**　アとウ

まず、それぞれの年の構成比を考えなければならない。全体では 100%になるはずなので、他の年代を足して 100 から引くことで算出できる。
2000 年は、$100 - (10 + 14 + 16 + 23 + 19) = 18$、よって 18%。
同様に 2005 年は 20%、2010 年は 22% である。これでまず、アは正しい。

各年の人口は、2000 年は人口 22 万人で構成比 18% なので、$22 \times 0.18 = 3.96$ 万人。
2005 年は人口 20 万人で構成比 20% なので、$20 \times 0.2 = 4$ 万人。
2010 年は人口 16 万人で構成比 22% なので、$16 \times 0.22 = 3.52$ 万人。
これをもとに考えると、イは誤り。もっとも多い 2005 年と少ない 2010 年でも、差は 4800 人にとどまる。

ウは正しい。2005 年は、5 年前（2000 年）に比べて 400 人増えている。

【4】 **解答** **C**　5400 人

まず、2010 年の 20 歳未満の人口は 16 万人 $\times 0.07 = 1.12$ 万人である。
また、「あと x 万人いれば構成比で 10% になる」とする。
すると、あと x 万人いたときの 20 歳未満の人口は $1.12 + x$（万人）。
また総人口は、$16 + x$（万人）。
構成比は年代別人口÷総人口なので、これが 10%、すなわち $\frac{10}{100}$ となるときの x の方程式は、次の通りである。
$(1.12 + x) \div (16 + x) = \frac{10}{100}$
これを解くと、$\frac{1.12 + x}{16 + x} \times (16 + x) = \frac{10}{100} \times (16 + x)$。
$1.12 + x = 1.6 + 0.1x$、$0.9x = 0.48$、$x = 0.533.....$。
したがって、必要な人数は 5334 人。5400 人がもっとも近い。

2 【1】 **解答** D　36

アに入る数字を x とすると、

今年の総数は 25 ＋ 50 ＋ 40 ＋ 29 ＋ x ＝ 144 ＋ x。

このうち x が占める割合が 20% なので、144 人は 80% にあたる。これより総数は、144 ÷ 0.8 ＝ 180 人であり、x ＝ 180 － 144 ＝ 36 となる。

【2】 **解答** D　11 ポイント

好きな生徒は、5 年前は全体の中で（24 ＋ 35）÷ 195 ≒ 30.3% だったのが、今年は（25 ＋ 50）÷ 180 ≒ 41.7% に増えている。

増加幅は 41.7 － 30.3 ＝ 11.4 ポイント。11 ポイントがもっとも近い。

【3】 **解答** F　イとウ

アは誤り。今年の生徒は 180 人なので、50 人が占める割合は 50 ÷ 180 ≒ 27.8%。5 年前は 195 人のうちの 35 人なので、割合は 35 ÷ 195 ≒ 17.9%。増加幅は 9.9 ポイントで、10 ポイントには届かない。

イは正しい。今年の割合は 29 ÷ 180 ≒ 16.1%、5 年前の割合は 51 ÷ 195 ≒ 26.2%。したがって、減少幅は 26.2 － 16.1 ＝ 10.1 ポイント。

ウは正しい。今年の割合は 40 ÷ 180 ≒ 22.2%、5 年前の割合は 43 ÷ 195 ≒ 22.1%。したがって、変化幅は 0.1% の増加。

【4】 **解答** C　ウのみ

現在、嫌いと答えた生徒は 29 ＋ 36 ＝ 65 人。

22% 以下にするには、180 × 0.22 ＝ 39.6 なので、39 人以下にすればいい。

ということは、嫌いと答えた生徒を 65 － 39 ＝ 26 人減らす必要がある。

アは誤り。今年「すこし嫌い」は 29 人。半分以下に減らすとしても 15 人以上の減少なので、減少幅が 26 人に届かない可能性がある。

イは誤り。今年「すごく嫌い」と答えたのは 36 人なので、3 分の 1 にしても 12 人。減少幅は 24 人で、26 人に届かない。

ウは正しい。合計で 30 人減るので、減少幅の条件を満たす。

3【1】 **解答** A　30%

商品Cは単価2500円で、34万円分売れたので、個数は34万÷2500＝136個。
同様に商品Aは18.4万÷1600＝115個、商品Bは44万÷2200＝200個。
したがって、販売個数は136＋115＋200＝451個。
そのうちCは136個なので、136÷451＝30.1…%である。
もっとも近いのはAの30%。

【2】 **解答** D　29%

出展費用の合計は160＋80＋40＝280千円。
人件費は80千円なので、80÷280＝28.5…%。
Dの29%がもっとも近い。

【3】 **解答** E　94%

出展料は160千円なので、その3割は160×30%＝48千円。
すなわち、160千円より48千円安い。
ということは、合計は800－48＝752千円になっていたはず。
したがって、現在の総支出額と比べると、752÷800＝94%に抑えられたはずである。

【4】 **解答** D　3.14倍

16万4000円というのは、収入合計964千円から支出合計800千円を引いて算出されたもの。商品が完売していれば収入合計はどれだけ増え、支出合計はどれだけ減ったかを考える。

商品A～Cが完売したときの収入合計は、
(1600＋2200＋2500)×200＝1260千円。
したがって、1260－964＝296千円、実際より増えていたはず。
また支出合計は、問題文より55千円減っていたはず。

したがって合計収支は、296＋55＝351千円増えて、164＋351＝515千円になっていたはず。

164千円だったのが515千円になるので、倍率は515÷164＝3.140…倍。
Dの3.14がもっとも近い。

4 【1】 **解答** B　Q州

項目AとBについて、「項目A÷人口 ＝ 項目B」（大小を比べるだけなので単位の調整は無視してよい）となる。したがって、「人口 ＝ 項目A ÷ 項目B」である。これをもとに計算する。

すべて計算する必要はない。項目A÷項目Bがもっとも大きくなりそうなもの、すなわちAが大きくBが小さそうなものだけを計算すればいい。正解はQ州。

【2】 **解答** C　R州

人口密度は「人口 ÷ 面積」。

項目Cは「項目C＝項目A ÷ 面積」なので、「面積 ＝ 項目A ÷ 項目C」。

前問より「人口＝項目A÷項目B」なので、

人口密度は、「(項目A÷項目B) ÷ (項目A÷項目C)」で求められる。

これを整理すると、$\frac{A}{B} \div \frac{A}{C} = \frac{A}{B} \times \frac{C}{A} = \frac{C}{B} = C \div B$、

「人口密度＝項目C÷項目B」である。

それを踏まえて各数値を確認しよう。Q州が0.369、R州が0.448で、R州のほうが大きい。

【3】 **解答** B　8.9ポイント減少する。

もともとQ州の人口は、項目A ÷ 項目B × 1000 ＝ 3214万人。

これが300万人増える、すなわち3514万人になると、人口1000人あたりの自動車台数は336.2 ÷ 3514 × 1000 ＝ 95.67...、つまり95.7に減少する。

増減幅は104.6 － 95.7 ＝ 8.9ポイント。

【4】 **解答** A　項目Bが24.3台減少する。

52.4万台減ると512.4 － 52.4 ＝ 460万台。

S州は、人口が512.4 ÷ 237.7 × 1000 ≒ 2156万人、

面積が512.4万÷ 41.0 ＝ 12.5万平方キロ。

したがって、460万台では、1000人あたりの台数は460 ÷ 2156 × 1000 ＝ 213.4台で、当初の237.7台より24.3台減る。

また1km^2あたりの台数は460 ÷ 12.5 ＝ 36.8台となり、当初の41.0台より4.2台減る。

以上から、項目Bについては選択肢Aが正しいが、項目Cについてはすべて誤り。

12 長文の計算

▶ 問題は 102 ～ 105 ページ

1【1】 **解答** C　4倍

自家用車の通行台数は、5.9 × 55% ≒ 3.2 万台。

中型トラックの台数は、5.9 × 45% × 30% ≒ 0.8 万台。

したがって、3.2 ÷ 0.8 = 4 倍。

【2】 **解答** H　アは誤りだがイはどちらともいえない。

アは誤り。X は前年比 3.2% 増なので、前年を x とすると、

$x \times \frac{103.2}{100}$ = 5.9 万台。これを解くと x = 5.7...(万台)。

Y は前年比 5.5% 減なので、前年を x とすると、$x \times \frac{94.5}{100}$ = 7.5 万台。

これを解くと x = 7.9... (万台)。したがって、Y のほうが多い。

イはどちらともいえない。減少率が最大になったからといって、減少台数が最大になったとは限らない。

【3】 **解答** D　アはどちらともいえないがイは正しい。

アはどちらともいえない。台数も割合も増えているので、前年より増えたのは確実だが、過去最大かどうかはわからない。

イは正しい。通行台数は前問より前年 7.9 万台で今年 7.5 万台なので、減少幅は 0.4 万台。それで商用車が 1.3 万台減っているということは、自家用車は 0.9 万台増えていることになる。

2【1】 **解答** C　302.6 万人

前年の失業者数は 7.9 − 2 = 5.9 万人。失業率は 4.2 − 1.2 = 3.0%。

生産年齢人口 = 失業者数 ÷ 失業率なので、5.9 ÷ 3% ≒ 196.7 万人。

これが人口の 65.0% なので、人口は 196.7 ÷ 65% ≒ 302.6 万人。

【2】 **解答** H　アは誤りだがイはどちらともいえない。

アは誤り。介護・医療分野において、完全失業者数 7.9 万人が半減するということは、求人件数は 3.95 万件。これが 3.4 倍なので、応募者数は 3.95 ÷ 3.4 ≒ 1.2 万人。一方で情報通信分野は、1.5 万件で 0.8 倍なので、応募者は 1.5 ÷ 0.8 ≒ 1.9 万人。したがって、情報通信分野のほうが多い。

イはどちらともいえない。サービス業、農業ともに求人件数や応募者数が明らかではないので、算出できない。

13 損益算

▶ 問題は 110 ～ 113 ページ

1【1】 **解答** E 390円

最初の定価は、$1600\times\frac{140}{100}=2240$ 円で、利益は640円。ここから250円値引きしているが、原価は変わらないので、その分利益が減っていることになる。したがって、$640-250=390$ 円。

【2】 **解答** D 3330円

定価を算出することを考える。「原価＋利益＝定価」より、「原価＝定価－利益」なので、次の2つの式が成り立つ（定価を x、原価を y とする）。

$$\frac{84}{100}x-156=y \quad \frac{62}{100}x+757=y$$

したがって、$\frac{84}{100}x-156=\frac{62}{100}x+757$、これを解くと、$x=4150$。

したがって、$y=\frac{84}{100}\times4150-156=3330$ 円。

【3】 **解答** D 1200円

原価を x とする。このとき、値上げ前の利益は $3200-x$ で表せる。

そして、25%上昇した原価は $\frac{125}{100}x$ なので、このときの利益は

$3200-\frac{125}{100}x$ である。

さらに、利益が15%減少するということは、$\frac{85}{100}(3200-x)$ となる。

したがって、$3200-\frac{125}{100}x=\frac{85}{100}(3200-x)$。

これを解くと、$40x=48000$、$x=1200$。

2【1】 **解答** E 2800円

原価を x とすると、定価は $\frac{135}{100}x$。

定価で12個が売れたので、売り上げは $\frac{135}{100}x\times12$。

これが仕入れ値（$x\times20$）より10640円少なかったので、次の式が成り立つ。

$\frac{135}{100}x\times12=20x-10640$。

これを解くと、$1620x-2000x=-1064000$、$x=2800$。

【2】 **解答** B　4080円の損失

原価が2800円なので、定価は $2800 \times \frac{135}{100} = 3780$ 円。

500円引きで販売したので、売値は $3780 - 500 = 3280$ 円。

これが2個なので、売上は $3280 \times 2 = 6560$ 円。

最初の損益が10640円なので、6560円改善すれば、損失が4080円になる。

【3】 **解答** D　35.7%

6個の売値は $3780 - 1000 = 2780$ 円。

これが6個なので、売上は $2780 \times 6 = 16680$ 円。

前問の時点での損失が4080円なので、最終的な利益は12600円。

すべて定価で売れたときの利益は、原価2800円の利益35%を20個、

すなわち $2800 \times \frac{35}{100} \times 20 = 19600$ 円。

したがって、実際の利益との差は $19600 - 12600 = 7000$。

減少率は $7000 \div 19600 = 0.3571...$ すなわち35.7%減少した。

別解 利益は、売上－原価で出せる。

定価で売れたときの利益：$3780 \times 20 - 2800 \times 20 = 19600$ 円

実際の利益：$(3780 \times 12 + 3280 \times 2 + 2780 \times 6) - 2800 \times 20 = 12600$ 円。

以下は同様の計算。

3【1】 **解答** E　50%

定価を x、原価を y とする。

このとき販売価格は、定価の2割引きなので $\frac{80}{100}x$ となる。

また、この販売価格は原価の2割の利益でもあるので、$\frac{120}{100}y$ とも表せる。

したがって、$\frac{80}{100}x = \frac{120}{100}y$、これを解くと、$x = \frac{3}{2}y$。

すなわち、定価は原価の $\frac{3}{2}$ 倍（1.5倍）。

したがって、当初の原価に対する利益の割合は50%。

【2】 **解答** C　100円

原価を x とすると、定価は $x \times \frac{120}{100}$ となる。この1割引きは、

$x \times \frac{120}{100} \times \frac{9}{10}$ である。これが40円の利益になるので、次の式が成り立つ。

$$\frac{9}{10}\left(x \times \frac{120}{100}\right) = x + 40$$

これを解くと、$1080x - 1000x = 40000$、$x = 500$。

原価500円に対して20%の利益なので、500円×20%＝100円となる。

4【1】 **解答** A　300円

原価を $\boldsymbol{x}$ とすると、定価は $\frac{140}{100}\boldsymbol{x}$、売価は $\frac{140}{100}\boldsymbol{x} \times \frac{50}{100}$ となる。

また、90円の損失なので、売価は $\boldsymbol{x} - 90$ ともあらわせる。

したがって、$\frac{140}{100}\boldsymbol{x} \times \frac{50}{100} = \boldsymbol{x} - 90$。

これを解くと、$-30\boldsymbol{x} = -9000$、$\boldsymbol{x} = 300$。

【2】 **解答** E　3430円

定価でなく原価を $\boldsymbol{x}$ としたほうがわかりやすい。定価は $\boldsymbol{x} \times \frac{140}{100}$。

売価である294円引きは $\boldsymbol{x} \times \frac{140}{100} - 294$。

このときに利益率が28%になるので、売価は $\boldsymbol{x} \times \frac{128}{100}$ とも表せる。

したがって、$\boldsymbol{x} \times \frac{140}{100} - 294 = \boldsymbol{x} \times \frac{128}{100}$。

これを解くと、$140\boldsymbol{x} - 29400 = 128\boldsymbol{x}$　$12\boldsymbol{x} = 29400$　$\boldsymbol{x} = 2450$。

これは原価なので、定価は $2450 \times \frac{140}{100} = 3430$ 円。

【3】 **解答** D　16%

250円の利益を確保するには、販売価格が $1500 + 250 = 1750$ 円以上であればよい。

定価は $1500 \times \frac{140}{100} = 2100$ 円なので、$2100 - 1750 = 350$ 円まで割引きしてよいことになる。

したがって、割引率を $\boldsymbol{x}$ とすると、$2100 \times \boldsymbol{x} = 350$。

これを解くと、$\boldsymbol{x} = 0.16666...$ となる。

すなわち、16%引きなら売価1764円で値引幅は $2100 - 1764 = 336$ 円、17%引きなら売価1743円で値引幅は $2100 - 1743 = 357$ 円。

したがって、16%まで許容される。

14 分割払い・仕事算

▶ 問題は 116 ～ 119 ページ

1 **【1】** **解答** E　3/16

分割は4月から翌年1月までの10回だが、3倍の金額を支払う月が3回あるので、1回あたりの支払分は16回払いのときと同じで $\frac{1}{16}$。
6月はその3倍なので $\frac{3}{16}$。

【2】 **解答** E　7/24

最初に $\frac{1}{3}$ 支払っているので、分割払い分は $\frac{2}{3}$。
8月時点で残りは、9・11・12・1月の $\frac{1}{16}$ と10月の $\frac{3}{16}$、
これより残額は、$\frac{2}{3}\times\left(\frac{1}{16}\times 4+\frac{3}{16}\right)=\frac{7}{24}$。

【3】 **解答** D　1/12

残額は総額の $\frac{2}{3}$ なので、1回分の支払い $\left(\text{残額の}\frac{1}{16}\right)$ は総額のうちの
$\frac{2}{3}\times\frac{1}{16}=\frac{1}{24}$。11月分までを条件通りに終えているので、残りは翌年1月分までの2回である。
したがって、$\frac{1}{24}$ を2回支払うので、$2\times\frac{1}{24}=\frac{2}{24}=\frac{1}{12}$ となる。

2 **【1】** **解答** D　8/63

13時から15時で $\frac{1}{7}+\frac{2}{9}=\frac{23}{63}$ 洗った。残りは $1-\frac{23}{63}=\frac{40}{63}$。
これを5時間で終わらせるので、1時間あたりの作業量は $\frac{40}{63}\div 5=\frac{8}{63}$。

【2】 **解答** A　8/21

18時の時点で残りは3時間なので、**【1】** の答えを利用すると、
$\frac{8}{63}\times 3=\frac{8}{21}$。

【3】 **解答** D　4/7倍

19時の時点では残り2時間分なので $\frac{8}{63}\times 2=\frac{16}{63}$。
これが1.5倍になる。$\frac{16}{63}\times\frac{3}{2}=\frac{24}{63}$。
これを3時間で終わらせるので、1時間あたりの量は $\frac{24}{63}\div 3=\frac{8}{63}$。
14時からの1時間では $\frac{2}{9}$ なので、$\frac{8}{63}\div\frac{2}{9}=\frac{4}{7}$。したがって、$\frac{4}{7}$ 倍。

3【1】 **解答** C　26/135

頭金を除いた残額は $\frac{8}{9}$ なので、手数料を加えた金額は $\frac{8}{9}+\frac{4}{15}=\frac{52}{45}$。
これが支払うべき金額である。
これを6回に分割するので、1回あたりの支払額は、$\frac{52}{45}\div 6=\frac{26}{135}$。

【2】 **解答** C　5/9

支払うべき金額は $\frac{8}{9}+\frac{1}{3}=\frac{11}{9}$ となる。
これを11回に分割するので、1回あたりの支払額は $\frac{11}{9}\div 11=\frac{1}{9}$。
したがって、4回目までの支払額は $\frac{1}{9}\times 4=\frac{4}{9}$。
これに頭金を加えると、$\frac{1}{9}+\frac{4}{9}=\frac{5}{9}$ 支払ったことになる。

【3】 **解答** B　7/36倍

残額は $\frac{8}{9}$、手数料率 $\frac{5}{16}$ なので、手数料は売値の $\frac{8}{9}\times\frac{5}{16}=\frac{5}{18}$。
したがって、残額は $\frac{8}{9}+\frac{5}{18}=\frac{7}{6}$。
これを6回分割するので、$\frac{7}{6}\div 6=\frac{7}{36}$。

4 アルバイト6人の1日あたりの仕事量は $\frac{1}{15}$ なので、アルバイト1人あたりの1日の仕事量は $\frac{1}{15}\div 6=\frac{1}{90}$。
社員4人の1日あたりの仕事量は $\frac{1}{8}$ なので、社員1人あたりの1日の仕事量は $\frac{1}{8}\div 4=\frac{1}{32}$。

【1】 **解答** B　5/4倍

社員2人で6日間した場合は、$\frac{1}{32}\times 2\times 6=\frac{3}{8}$。
アルバイト9人で3日間した場合は、$\frac{1}{90}\times 9\times 3=\frac{3}{10}$。
したがって、$\frac{3}{8}=\frac{3}{10}\div\frac{5}{4}$ 倍。

【2】 解答 C　10日目

アルバイト4人あたりの1日の仕事量は $\frac{1}{90} \times 4 = \frac{2}{45}$ である。

社員2人あたりの1日の仕事量は $\frac{1}{32} \times 2 = \frac{1}{16}$ である。

したがって、アルバイト4人と社員2人の1日あたりの仕事量は、

$\frac{2}{45} + \frac{1}{16} = \frac{77}{720}$。

仕事の総量1を1日あたりの仕事量でわると、$1 \div \frac{77}{720} = \frac{720}{77} = 9\frac{27}{77}$。
したがって、10日目に終わる。

【3】 解答 B　2人

アルバイト10人の6日間の仕事量は、$\frac{1}{90} \times 10 \times 6 = \frac{60}{90} = \frac{2}{3}$。

つまり、残りの$\frac{1}{3}$を社員が6日間で終えればいい。

社員1人あたりの1日の仕事量は$\frac{1}{32}$なので、

6日間では $\frac{1}{32} \times 6 = \frac{3}{16}$。

これで $\frac{1}{3}$を超えるには、社員は2人いればよい。

$2 \times \frac{3}{16} = \frac{3}{8}$となり、$\frac{1}{3}$ より大きい。

15 精算

▶ 問題は 122 ～ 125 ページ

1 全体の支出は 1650 ＋ 2430 ＋ 4880 ＝ 8960 円。
1 人あたりの支払額は、8960 ÷ 4 ＝ 2240 円。

【1】 **解答** B　190 円
X は、2430 － 2240 ＝ 190 円多く支払っている。この分を W から精算してもらったので、W → X に 190 円の精算があったはず。

【2】 **解答** C　　F
Y は 4880 － 2240 ＝ 2640 円多く負担している。
W はもともと 2240 － 1650 ＝ 590 円少なかったが、X に 190 円精算したことで、残りは 590 － 190 ＝ 400 円。
Z はそもそも 0 円なので、2240 円負担する。これで、W の 400 円と Z の 2240 円で、Y の 2640 円が精算できる。
したがって、W は Y に 400 円支払う。また、Z は Y に 2240 円支払う。

2 最初に全員の支出を確認しておく。
P は 22000 円、Q は 13000 ＋ 5000 ＝ 18000 円、R は 19000 － 5000 ＝ 14000 円。
したがって、総額は 22000 ＋ 18000 ＋ 14000 ＝ 54000 円。
1 人あたりの負担額は、54000 ÷ 3 ＝ 18000 円。
P は、負担すべき金額より 22000 － 18000 ＝ 4000 円多い。
Q は、ちょうどの額を負担している。
R は、負担すべき金額より 18000 － 14000 ＝ 4000 円少ない。
したがって、R が P に 4000 円支払えば、全員の負担額が一致する。

【1】 **解答** E　R が P に 4000 円支払う。
前述の通り。R が P に 4000 円支払う。

【2】 **解答** A　精算する必要はない。
前述の通り。Q と R の支出は借金も含めて計算している。その結果、Q はちょうどの額負担していることがわかったので、この 2 人の間で精算する必要はない。

3 【1】 **解答** D　16300円

LがMに1400円なので、Mの負担した金額は14200 － 1400 ＝ 12800円。
これが1人あたりの支払額になるので、総額は12800 × 3 ＝ 38400円。
Nの当初の支払額は、総額からL・Mの支払額を除けばよいので、
38400 －（7900 ＋ 14200）＝ 16300円。

【2】 **解答** B　3500円

Lは衣装代7900円とMへの支払い1400円があるので、すでに9300円負担している。
したがって、1人あたりの支払額12800円には、あと12800 － 9300 ＝ 3500円足りない。この分がNへの支払額である。
Nの側から考えても、当初の支払額16300円に対して、Lからの3500円があれば、1人あたりの支払額12800円と一致する。

【3】 **解答** A　LがMに3100円、Nに1800円支払う。

前問よりLはNに3500円、Mに1400円なので、Nへ支払う分から1700円を引いてMに加算すればいい。
したがって、L→Nは3500 － 1700 ＝ 1800円、L→Mは1400 ＋ 1700 ＝ 3100円。

4 【1】 **解答** D　120万円

準備金の1人あたり負担分は150万円。したがって本来は、YはXに150万円支払うはず。
これが90万円でよいということは、差額の60万円はXが支払うべき備品購入費のX→Yの分だったことになる。
したがって、備品購入費は1人あたり60万円、総額120万円。

【2】 **解答** D　YがXに80万円支払う。

それぞれの負担分を整理する。Yは備品購入費の120万円を負担し、Xは準備金の440万円を負担したため、総額は440 ＋ 120 ＝ 560万円、1人あたりの負担額は280万円。
したがって、Yが280 － 120 ＝ 160万円支払うところだが、Xの借金80万円を引いて、160 － 80 ＝ 80万円で精算できる。

16 売買の条件

▶ 問題は 128 ～ 135 ページ

1 15% 引きは $3800 \times \frac{85}{100} = 3230$ 円、20%引きは $3800 \times \frac{80}{100} = 3040$ 円である。

【1】 **解答** **B** 14060 円

13 時から 15 時までは 3800 円で 2 時間なので、$3800 \times 2 = 7600$ 円。
15 時から 17 時までは 3230 円で 2 時間なので、$3230 \times 2 = 6460$ 円。
これらを足すと、$7600 + 6460 = 14060$ 円。

【2】 **解答** **C** 12 時

すべて定価の場合、$3800 \times 9 = 34200$ 円。
したがって、$34200 - 30400 = 3800$ 円安くなっている。
15% 引きのとき、割引分は $3800 - 3230 = 570$ 円。20% 引きのときは、$3800 - 3040 = 760$ 円。したがって、15% 引きの時間を x、20% 引きの時間を y とすると、$570x + 760y = 3800$ が成り立つ。
これはどちらも整数解しかありえない。また、ありうる x の範囲が 1 ～ 4 であることも合わせて考えると、$x = 4$、$y = 2$ が考えられる。
すなわち、定価で 3 時間、15% 引きで 4 時間、20% 引きで 2 時間。
これより、12 時から利用していたことがわかる。

2 15% 引きは $8700 \times \frac{85}{100} = 7395$ 円、40% 引きは $8700 \times \frac{60}{100} = 5220$ 円である。

【1】 **解答** **A** 204450 円

定価で 15 週なので、$8700 \times 15 = 130500$ 円。
15% 引きで 10 週なので、$7395 \times 10 = 73950$ 円。
これらを足すと、$130500 + 73950 = 204450$ 円。

【2】 **解答** **C** 54375 円

割引きの制度がないと、$8700 \times 40 = 348000$ 円。
割引きの制度があると、定価 15 週で 130500 円、15% 引き 15 週で $7395 \times 15 = 110925$ 円、40% 引き 10 週で $5220 \times 10 = 52200$ 円。
これらを足すと、$130500 + 110925 + 52200 = 293625$ 円。
したがって、$348000 - 293625 = 54375$ 円安い。

【3】 解答 E　イのほうが 15660 円高い。

アのときは、定価 27 週、15% 引き 3 週なので、
(8700 × 27) ＋ (7395 × 3) ＝ 257085 円。
イのときは、定価 15 週、15% 引き 15 週、40% 引き 6 週なので、
(8700 × 15) ＋ (7395 × 15) ＋ (5220 × 6) ＝ 272745 円。
したがって、イのほうが 272745 － 257085 ＝ 15660 円高い。

3 【1】 解答 A　－ 4750

キャンペーン a の場合、75000 円の 15% 引きなので、
割引額は $75000 \times \frac{15}{100} = 11250$ 円。
b の場合、32000 円の 50% 引きなので、$32000 \times \frac{50}{100} = 16000$ 円。
したがって、b のほうが、割引額が 16000 － 11250 ＝ 4750 円大きい。

【2】 解答 A　3870　　B　4200

キャンペーン a のときの割引額は、$25800 \times \frac{15}{100} = 3870$ 円。カメラバッグは少なくてもこれよりは高い。
キャンペーン b のときの割引額は、$8400 \times \frac{50}{100} = 4200$ 円。カメラバッグは少なくてもこれよりは安い。
したがって、3870 円より高く、4200 円より安い。

4 【1】 解答 C　54800 円

基本料金は 1500 円。これに料理 2 品と飲み放題を追加した場合は、
1500 ＋ (300 × 2) ＋ 950 ＝ 3050 円。
ただし 18 人の場合は 2 人が無料なので、かかった費用は 16 人分。
したがって、3050 × 16 ＝ 48800 円。
これにルームチャージを加えて、48800 ＋ 6000 ＝ 54800 円。

【2】 解答 B　料理は追加せず、飲み放題は追加した。

2298 円で 25 人なので、総額は 2298 × 25 ＝ 57450 円。
ルームチャージを除くと、57450 － 6000 ＝ 51450 円。
また、25 人ということは、4 人分が無料のはず。
したがって、1 人分の料金は 51450 ÷ 21 ＝ 2450 円。
これが 1 人分の料金となる。料金の組み合わせは、料理の追加がなく飲み放題の追加があった場合しか考えられない。

5【1】 **解答** C　5500円

一般会員7人のうち4人は特別会員料金で利用できる。したがって、特別会員8人、一般会員3人と考える。(440 × 8) ＋ (660 × 3) ＝ 5500円。

【2】 **解答** C　950円

平日の利用料金は、一般会員3人が特別会員料金になるので、特別会員6人、一般会員1人と同じ。したがって、(440 × 6) ＋ (660 × 1) ＝ 3300円。
これより2150円高かったので、週末の合計価格は3300 ＋ 2150 ＝ 5450円。
7人のうち6人が特別会員料金なので、750 × 6 ＝ 4500円。
これを総額から引くと、5450 － 4500 ＝ 950円。これが週末の一般会員1人の料金。

【3】 **解答** F　1200円

一般会員と特別会員の1人あたりの差額は950 － 750 ＝ 200円。
3人が特別会員なら、9人のうち6人が特別会員料金になるので、差額は6人分、すなわち200 × 6 ＝ 1200円。

【4】 **解答** F　8人

特別会員の人数をxとおく。
このとき、特別会員料金で入場した数は$2x$、一般会員料金で入場した数は$12-x$、人数の合計は$12+x$となる。
したがって、$(750 \times 2x) + \{950 \times (12-x)\} = 790(12+x)$が成り立つ。
これを解くと、$1500x - 950x - 790x = 9480 - 11400$、$x = 8$

6【1】 **解答** C　1846800円

家賃が毎月5%引きになるので、月額家賃は72000円$\times \frac{95}{100} = 68400$円。
家賃2年分と保証金3か月で27か月と考えると、68400 × 27 ＝ 1846800円。

【2】 **解答** B　B社のほうが74250円得になる。

B社は保証金ゼロなので、得するのは家賃45000円の3か月分、すなわち45000 × 3 ＝ 135000円。
C社は家賃が毎月5%引きなので、得するのは家賃45000円の5%の27か月分、すなわち$45000 \times \frac{5}{100} \times 27 = 60750$円。
したがって、135000 － 60750 ＝ 74250円、B社のほうが得する。

【3】 **解答** 84000

A社で得するのは固定額で250000円。B社で得するのは家賃3か月分なので、家賃がいくら以上なら3か月分が250000円以上になるかを考える。
したがって、250000 ÷ 3 = 83333円。
家賃は1000円単位なので、84000円。

【4】 **解答** 185000

考え方は前問と同じ。C社で得するのは家賃5%なので、家賃がいくらのときに保証金も含めて27か月分で250000円以上得をするか、と考える。
家賃をxとおくと、$27 \times \frac{5}{100}x = 250000$、$x = 185185$円。
家賃は1000円単位なので、185000円以下だとA社のほうが得。

17 グラフの領域

▶ 問題は 140 ～ 141 ページ

1 【1】 **解答** A　D　E

領域アは、3つのグラフで区切られたエリアなので、アを示すために必要なグラフは3つである。
まず、$y = bx + c$ のグラフに接しており、これより下側が該当するので、D：$y < bx + c$ である。
また、$y = ax^2$ のグラフにも接している。これの上側なので、A：$y > ax^2$ である。
さらに、E：$y > d$ も明らか。

【2】 **解答** B　D　F　G

領域イは x 軸を含めて4つのグラフで区切られている。
x 軸の上側なので、G：$y > 0$ である。
また、$y = ax^2$ の下側なので、B：$y < ax^2$ である。
さらに、$y = d$ の下側なので、F：$y < d$。
$y = bx + c$ の下側なので、D：$y < bx + c$ である。

2 【1】 **解答** D

$y < ax^2$ となるのは、$y = ax^2$ のグラフの下側部分。
$y > d$ となるのは、$y = d$ のグラフの上側部分。
$x > e$ となるのは、$x = e$ のグラフの右側部分。
したがって、該当するのは領域**エ**である。

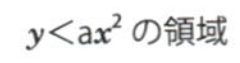

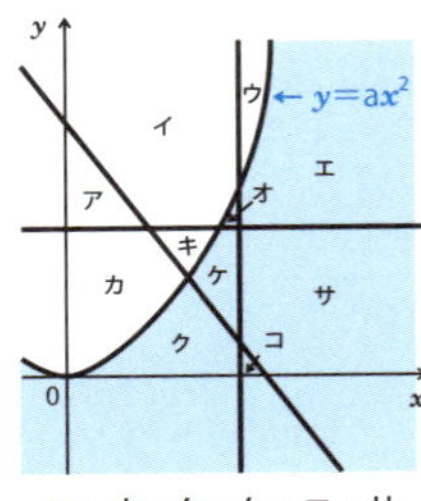

エ・オ・ク・ケ・コ・サ

y>d の領域

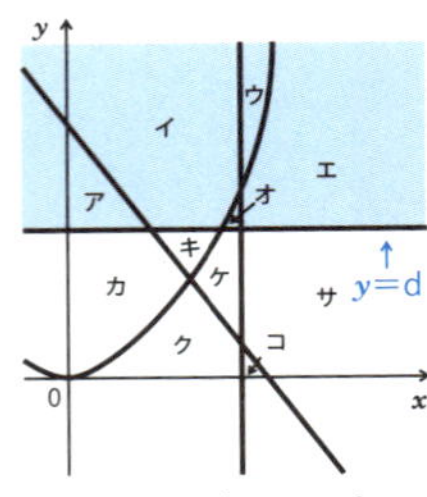

ア・イ・ウ・エ・オ

x>e の領域

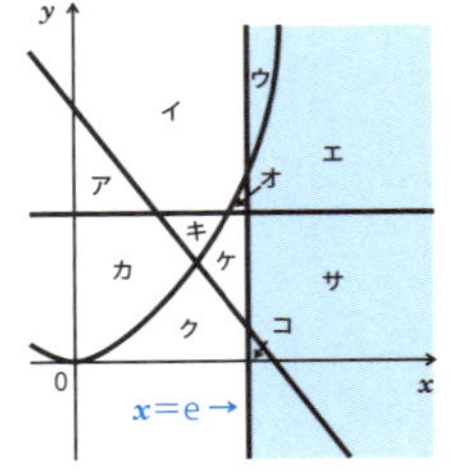

ウ・エ・コ・サ

【2】 **解答** A

$y > ax^2$ となるのは、$y = ax^2$ のグラフの上側部分。

$y < bx + c$ となるのは、$y = bx + c$ のグラフの下側部分。

$x < e$ となるのは、$x = e$ のグラフの左側部分。

$y > d$ となるのは、$y = d$ の上側部分。

したがって、該当するのは領域**ア**である。

$y > ax^2$ の領域

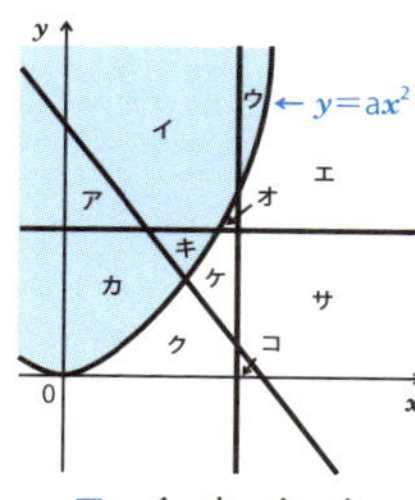

ア・イ・ウ・カ・キ

$y < bx + c$ の領域

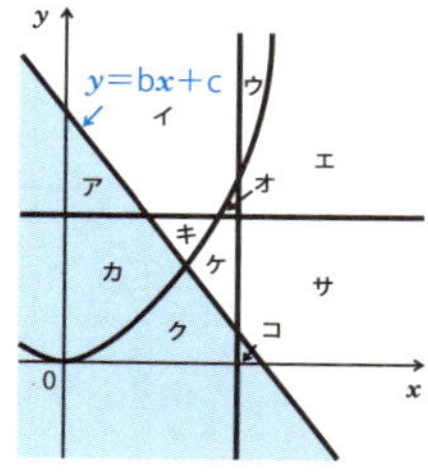

ア・カ・ク・コ

$x < e$ の領域

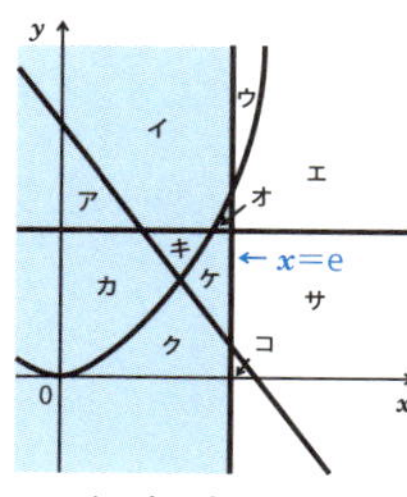

ア・イ・オ・カ・キ・ク・ケ

$y > d$ の領域

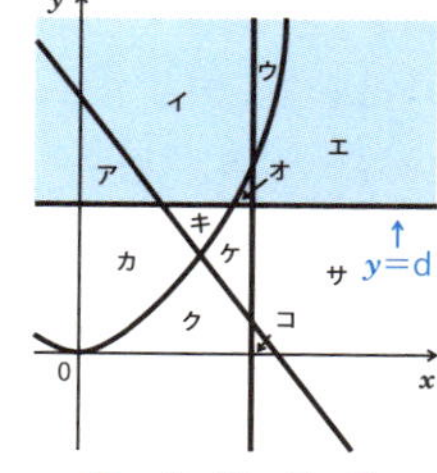

ア・イ・ウ・エ・オ

18 条件と領域

▶ 問題は 144 ～ 145 ページ

1 下図のようにL～Nの記号を付す。

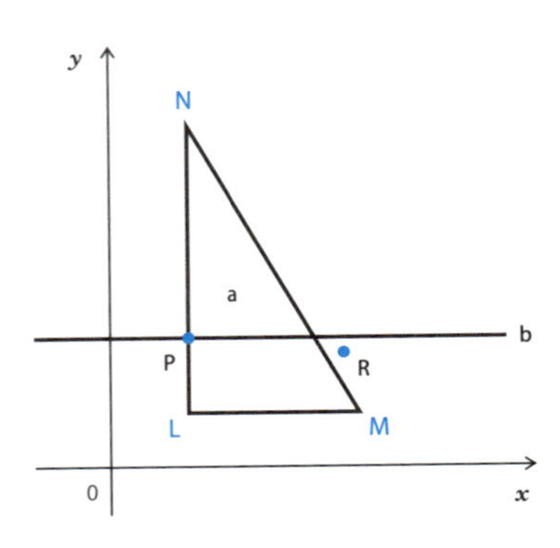

このとき、Lは600円・1000円の最低枚数を示すので、条件より（6, 5）である。また、Mは1000円印紙が最少枚数の5枚であるときの600円印紙の最多枚数なので、

{20000 －（1000 × 5）} ÷ 600 ＝ 25、

すなわちMは（25，5）。

同様にNは、{20000 －（600 × 6）} ÷ 1000 ＝ 16.4だが、整数解しか取らないので（6，16）。

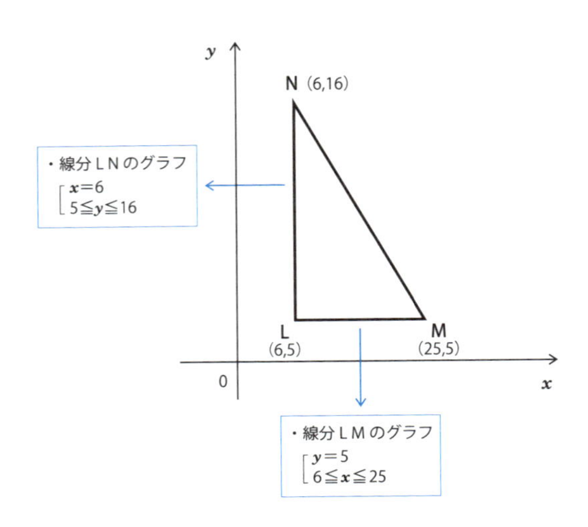

【1】 解答 A 6

このときPにおけるxの値、すなわち600円印紙の枚数は、yがいくらであっても最少枚数、すなわち$x = 6$になっている。
したがって、Aが正しい。

【2】 解答 C ウのみ

線分LMのグラフは1000円印紙の最少枚数、線分LNのグラフは600円印紙の最少枚数に由来している。
そして線分MNのグラフは、最大金額が20000円であることに由来する。Rは、この条件のみ満たしていない。

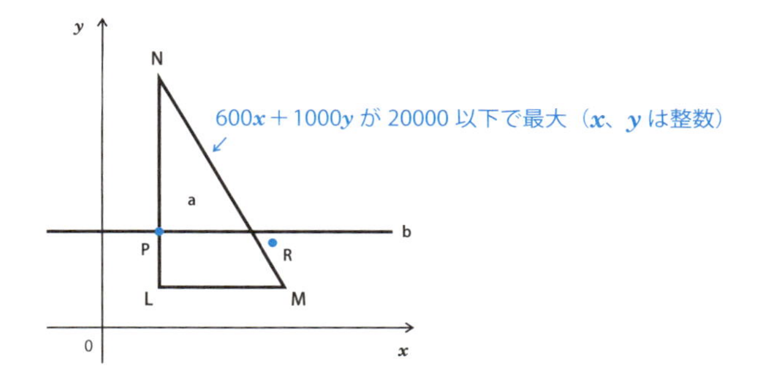

【3】 解答 D

最少枚数の条件は同じなので、線分LM、線分LNのグラフは変わらない。
ただしMは（15，5）、Nは（6，14）になるため、線分MNによる領域が少し狭くなる。

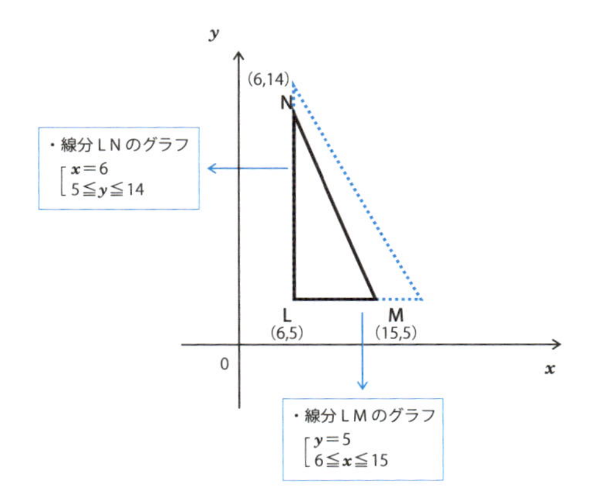

19 ブラックボックス

▶ 問題は 148 ～ 149 ページ

1 【1】 **解答** A　2つの数値の和の平方を出力する。

まず、上の２段を処理しておく。

最初のＰからは３＋５＝８が出力される。

最初のＱからは７÷４＝1...3なので、３が出力される。

そして２番目のＱからは８÷３＝2...2なので、２が出力される。

このとき、4356を素因数分解してみると、２×２×３×３×11×11になることがわかる。

すなわち、$4356 = (2 \times 3 \times 11)^2 = 66^2$である。

となると、考えられるのはＡしかない。最初のＲで$(6+2)^2 = 64$を出力し、次のＲで$(64+2)^2 = 66^2 = 4356$を出力している。

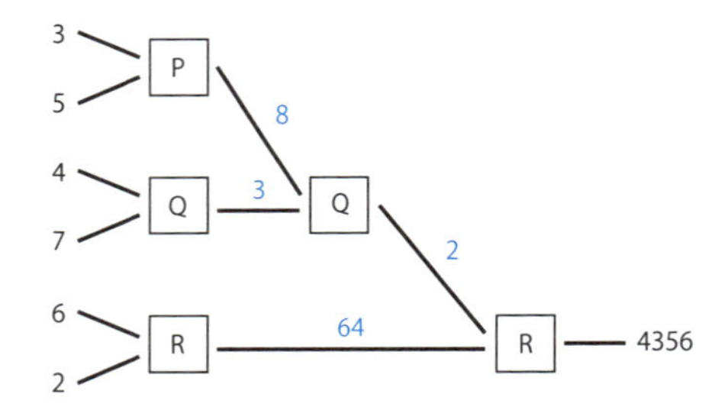

【2】 **解答** A　8　　E　42

最初のＲは$10^2 = 100$を出力する（20－10＝10、$10^2 = 100$）。

次のＲは$85^2 = 7225$を出力する（100－15＝85、$85^2 = 7225$）。

したがって、7225をＮで割ったとき、余りが１になるものを選べばよい。

ならば、7224で割り切れるものを選べばよいことになる。

該当するのは８と42の２つ。

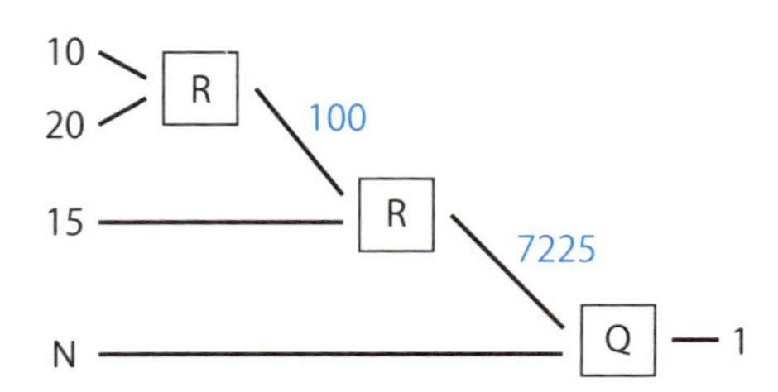

【3】 **解答** B　イのみ

アは誤り。Qからは3が出力されるので（13 ÷ 5 ＝ 2...3）、最初のRには3が2つ入力されることになり、差が0になるので割ることができない。

イは正しい。最初のRには3と11が入力されて6を出力する｛(3 ＋ 11) ÷（11 － 3）＝ 1...6｝。
Pからは25を出力する（15 ＋ 10 ＝ 25）。
したがって、Nは（25 ＋ 6）÷（25 － 6）＝ 1...12である。

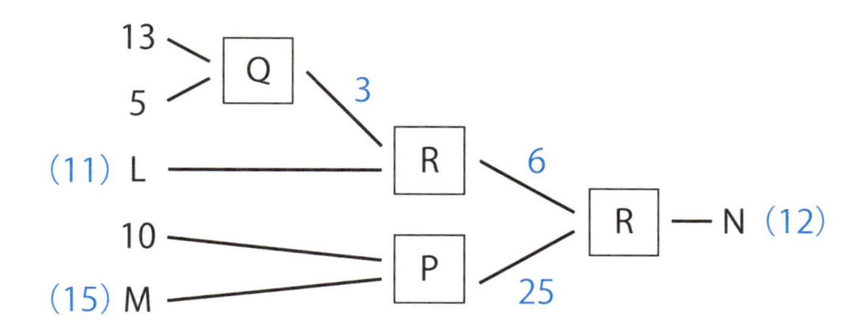

ウは誤り。前問同様、Qからは3が出力される。
最初のRからは6が出力される｛(3 ＋ 20) ÷（20 － 3）＝ 1...6｝。
Pは22を出力する（10 ＋ 12 ＝ 22）。
したがって、Nは（22 ＋ 6）÷（22 － 6）＝ 1...12である。

20 モノの流れと比率

▶ 問題は 152 ～ 153 ページ

1【1】 **解答** F　イとウ

V ＝ Re ＋ Tf である。

また、R ＝ Qb であり、T ＝ Qd なので、これをどちらも代入すると、

V ＝ Qbe ＋ Qdf となる。

したがって、この共通因数をまとめたイ：V ＝ Q（be ＋ df）は正しい。

また、Q ＝ Pa なので、V ＝ Pa（be ＋ df）である。

このうち、a を散らしたウ：V ＝ P（abe ＋ adf）も正しい。

【2】 **解答** E　280

S ＝ Rc ＋ Vg であり、V ＝ Re なので、S ＝ Rc ＋ Reg ＝ R（c ＋ eg）となる。

したがって条件より、R（c ＋ eg）＝ 126

これに条件を代入すると、R｛30% ＋（60% × 25%)｝＝ R × 45% ＝ 126。

これを解くと、R ＝ 280 となる。

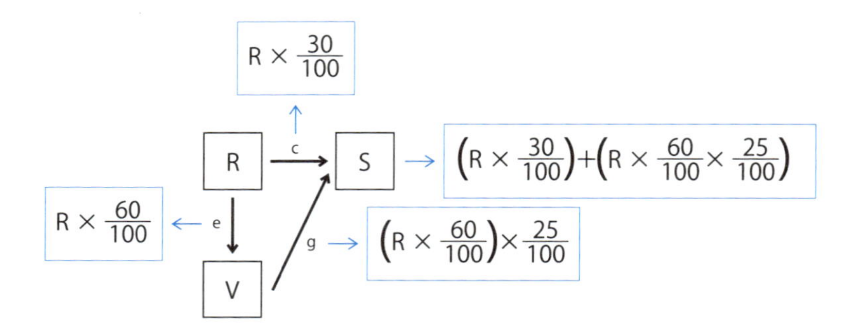

【3】 **解答** E　アとウ

S ＝ Rc ＋ Vg である。また、R ＝ Pab なので、S ＝ Pabc ＋ Vg となる。
さらに、V ＝ Re ＋ Tf であり、R ＝ Pab、T ＝ Qd ＝ Pad なので、
V ＝ Pabe ＋ Padf である。
したがって、S ＝ Pabc ＋ g（Pabe ＋ Padf）＝ Pabc ＋ Pabeg ＋ Padfg。
これが基本形である。

このとき、基本形から一部の共通因数をまとめたウ：S ＝ Pabc ＋ Pag（be ＋ df）は正しい。

また、基本形から共通因数をまとめると、S ＝ Pa（bc ＋ beg ＋ dfg）となるが、Pa ＝ Q のため、ア：S ＝ Q（bc ＋ beg ＋ dfg）も正しい。

イは明らかに誤り。

【4】 **解答** B　アは正しいがイはどちらともいえない。

アは正しい。T ＝ Qd、R ＝ Qb、どちらも Q を起点にしているので、T と R の大小関係は b と d の大小関係に完全に依存する。

イはどちらともいえない。b と d、e と f の比率がわからないと、イの記述の真偽は判定できない。

21 同意語・反意語

▶ 問題は 158 ～ 159 ページ

1 【1】 解答 A 愚弄

「揶揄（やゆ）」は、からかうこと。とくに相手を小ばかにしたようにからかうときに用いる。同意語はA「愚弄（ぐろう）」。その他の選択肢には、からかうというニュアンスはない。

【2】 解答 B 核心

「中枢」は、中心となる大切なところ。「枢」は訓読みでは「くるる（くる・くろろ）」と読み、昔の扉の回転軸に設けられた突起状の部品のこと。転じて、ものごとの要を意味するようになった。

「中心」「大切」のニュアンスから、B「核心」を選ぶ。D「基盤」は大切ではあるが、中心というより、基礎の部分を指す。

【3】 解答 A 迅速

「機敏」は、状況に応じてすばやく判断し、行動すること。「機を見るに敏」の言い方もあり、状況を判断するのが早く、的確であること。

同意語はA「迅速」で、どちらもすばやい行動をするというニュアンスが共通している。C「諧謔（かいぎゃく）」は、気の利いた（ユーモアのある）言葉、という意味。

2 【1】 解答 C 露骨

「婉曲（えんきょく）」は遠回しに伝えること。「婉曲に断る」「婉曲的な表現」のように用いる。反意語は「露骨」。

【2】 解答 E 慎重

「軽率」⇔「慎重」の反意語の組み合わせは、SPIでも定番中の定番。

A「拙速（せっそく）」は、下手だが出来上がりの早いこと。反意語は「巧遅（こうち）」。

【3】 解答 B 下落

「騰貴（とうき）」は、主に市場相場や物価が上がること。とくに激しく値上がりするときは「急騰」「暴騰」といった言葉を用いる。反意語は「下落（げらく）」。

3 資料集としても使えるように、できるだけ同意語の組み合わせを多く収録している。この機会にきちんと覚えておこう。

【1】 **解答** **B** イのみ
アは誤り。「作用」は他のものに対して及ぼす影響のことであり、「機能」はそのものが本来から備えている働きのこと。
イは正しい。「次第」は「順序」の意味もある。
ウは誤り。「得心」は承知・納得するの意味。

【2】 **解答** **F** アとウ
イは誤り。「不服」は、納得がいかず不満に思うこと。同意語は「不満」。
ウは正しい。「来歴」「由緒」の組み合わせも定番。

【3】 **解答** **G** アとイとウ
すべて同意語の組み合わせ。

【4】 **解答** **E** イとウ
アは誤り。「隠蔽（いんぺい）」は隠すことで、除くことを意味する「排除」とは必ずしも一致しない。「隠蔽」の類義語は「秘匿（ひとく）」。「排除」の類義語は「除外」。

【5】 **解答** **A** アのみ
イは誤り。「幻想」は、実際にないことをあれこれ想像すること。同意語は「空想」。
ウは誤り。「節倹」は「節約」と「倹約」の合成語で、この２つの同意語。

【6】 **解答** **G** アとイとウ
アは正しい。「悟性（ごせい）」は知的な思考能力を指す。英語の understanding の訳語として用いられるようになったが、もともとは仏語。

4 資料集としても使えるように、できるだけ反意語の組み合わせを多く収録している。この機会にきちんと覚えておこう。

【1】 **解答** D　アとイ

アは正しい。「雌伏（しふく）」は、活躍の機会をじっと待つこと。反意語は「雄飛（ゆうひ）」で、勢い盛んに活動すること。

イは正しい。「緊張」⇔「弛緩（しかん）」の組み合わせも定番で、出題頻度はかなり高い。

ウは誤り。「厚顔」は恥知らずでずうずうしいこと。「傲慢（ごうまん）」も似てはいるが、偉そうにおごり高ぶること、のニュアンスが「厚顔」とは異なる。

【2】 **解答** G　アとイとウ

すべて反意語の関係にある。

【3】 **解答** F　アとウ

イは誤り。「背徳」は道徳にそむいているという“状態”のこと。「善行」は善い行いという“行動”のこと。もともと射程としていることがらの位置づけが異なる。

【4】 **解答** G　アとイとウ

アは正しい。「仔細（しさい）」は事細かである様子を表す。「詳細」の類義語。

【5】 **解答** G　アとイとウ

ウは正しい。「貫徹（かんてつ）」は、最後まで貫き通すこと。途中であきらめるのが「挫折（ざせつ）」。

【6】 **解答** G　アとイとウ

イは正しい。「遮蔽（しゃへい）」は、人目などからさえぎること。それぞれ訓読みでは「遮る」を「さえぎ（る）」、「蔽う」を「おお（う）」と読む。

ウは正しい。「死刑の存置派と廃止派」のように用いることが多い。

22 二語関係

▶ 問題は 162 ～ 165 ページ

1 【1】 **解答** D　ひとりごと

「景色」と「風景」は同意語関係。独白の同意語は「ひとりごと」。「白」にはかつて「もう（す）」という読み方もあり、今でも「言う」に関連する「告白」・「白状」・「科白（せりふ）」・「敬白」などの熟語を形成する。

【2】 **解答** A　ロシア

「バイエルン」はドイツ連邦共和国を構成する自治体のひとつ。「チェチェン」はロシア連邦を構成する自治体のひとつ。

【3】 **解答** A　出版

「内通」と「裏切り」は同意語関係。「上梓（じょうし）」とは、本を出版すること。かつて梓（あずさ）の木を版木に用いたことから、こうよばれるようになった。

【4】 **解答** B　繁殖

役割関係。「ブリーダー」は犬などを繁殖させる仕事。繁殖させて販売するので、Dの「販売」も間違ってはいないが、もともとの意味はB。

【5】 **解答** A　卵黄

原料関係。「パン」の原料は小麦。「マヨネーズ」の原料は卵黄と食用油と酢。D「攪拌（かくはん）」は、かき混ぜること。

【6】 **解答** A　シンガポール

EU加盟国のひとつがオランダ。ASEANは東南アジア諸国連合で、シンガポールが加盟している。

【7】 **解答** D　米

原料関係。「チーズ」の原料は牛乳。「煎餅」の原料は米。

【8】 **解答** C　弱肉強食

「灌木（かんぼく）」は低い木で、「喬木（きょうぼく）」は丈の高い木のこと。したがって、反意語の関係にある。
「共存共栄」の反意語は「弱肉強食」。

【9】 解答 C 判定
役割関係。「ピアニスト」の役割は「演奏」。「審判」の役割は「判定」。

【10】 解答 C 文月
並立関係。「数学」も「哲学」も学問のひとつ。「弥生（やよい）」は陰暦（太陰暦・旧暦）の３月のことで、陰暦の月々の呼び名のひとつ。「文月（ふづき・ふみづき）」は、陰暦の７月のこと。

2 【1】 解答 A アのみ
包含関係。「心臓」は「内臓」の一種、と考える。
「野球」は「球技」の一種なので、アは正しい。これ以外は誤り。

【2】 解答 B イのみ
「迂回」は遠回りのこと。「直行」とは反意語の関係。
アは同意語。イは反意語。ウは互いに無関係の言葉。

【3】 解答 D アとイ
包含関係。「哺乳類」の一種に「イヌ」がある、と考える。
「カエル」は「両生類」の一種で「ヘビ」は「爬虫類」の一種なので、ア・イは正しい。ウの「イルカ」は「哺乳類」の一種。

【4】 解答 B イのみ
並立関係。「イチゴ」も「リンゴ」も果物の一種、と考える。
アの「炊事」と「家事」は包含関係（炊事は家事の一種）なので誤り。イの「掃除」と「洗濯」はどちらも家事の一種なので正しい。

【5】 解答 C ウのみ
用途関係。「定規」は「計測」するためのもの、と考える。正しいのはウのみ。

【6】 解答 A アのみ
包含関係。「キリスト教」は「宗教」の一種、と考える。正しいのはアのみ。「胡椒（こしょう）」は「香辛料」の一種である。

【7】 解答 A アのみ
用途関係。「冷蔵庫」は「保存」するためのもの、と考える。正しいのはアのみ。

【8】 解答 A アのみ
「説明」と「解説」は同意語。
アの「修辞」も「形容」も、飾り立てるという意味の同意語。
イの「散文」は、小説や評論、エッセイのように、とくに決まった形式がない文章。「韻文」は5・7・5の俳句のように、決まった形式に則った文章。よって反意語とも、どちらも文章の一形態なので並立関係ともいえる。
ウの「箴言（しんげん）」は、教訓の意味を持つ短い言葉。「苦言」は相手に対する忠告。

【9】 解答 A アのみ
用途関係。「包帯」は「保護」のためのもの、と考える。
「外套（がいとう）」はコートのことで、「防寒」のためのもの。これ以外は誤り。

【10】 解答 D アとイ
包含関係。「南欧」の一部に「ギリシャ」がある、と考える。南欧とはヨーロッパ南部のことで、主に地中海地方の諸国（スペイン、ポルトガル、イタリアなど）を指す。アの「北欧」はスウェーデン、ノルウェー、フィンランドなど。イの「東欧」はルーマニア、クロアチア、ブルガリアなど。ウの「西欧」はイギリス、オランダ、フランス、ベルギーなどだが、ポルトガルは南欧のため誤り。

【11】 解答 G アとイとウ
原料関係。「ワイン」の原料は「ぶどう」である、と考える。
アの「十円硬貨」の原料は「銅」。イの「セメント」の原料は「石灰石」。ウの「アスファルト」の原料は「石油」。すべて正しい。

【12】 解答 B イのみ
「絶対」と「相対」は反意語の関係。
アの「時代劇」は過去の時代の演劇・ドラマなどをいう。「新派劇」は沿革上、歌舞伎（旧劇）と新劇（西欧演劇などの影響を受けて明治以降に興った演劇のジャンル）との中間にある、大衆演劇のひとつ。時代軸を限定していないので、時代劇の反意語とはいえない。
イの「横柄（おうへい）」はいばって、無礼なさま。「傲慢」「高慢」「尊大」の同意語で、「謙虚」の反意語。
ウの「伝記」と「伝聞」はまったく関係ない。

23 語句の意味

▶ 問題は 168 ～ 169 ページ

1 【1】 **解答** B 形骸

B・C・Dには「外形」の意味はあるが、「実質的な意味を失っている」というマイナス面のニュアンスがあるかどうかが問題。そう考えると「形骸」が正解。

【2】 **解答** D 塵芥

「塵」「芥」は、どちらもチリ、ホコリのような細かいものを意味することから、「取るに足らないもの」を表す。「微細」も細かいものという意味から「些細（ささい）なこと」を表すが、取るに足らないといった価値判断は含まない。

【3】 **解答** B 誰何

「誰何（すいか）」は、誰かわからない相手を問いただすこと。

A「尋問（じんもん）」、D「審訊（しんじん）」は、どちらも「誰かわからない相手」といった意味はない。またこの２つの「じん（尋 / 訊）」を互いに入れ替えて、「訊問」「審尋」と表記することもある。

【4】 **解答** D 払拭

AかDで悩むところだが、A「排除」には「きれいさっぱり」の意味はない。Dの「払拭（ふっしょく）」が正解。

2 【1】 **解答** A 少しだけちらっと見ること。

「瞥」の字義には、ちらっと見るという意味がある。

Bは「蔑視」。とくに「蔑視」は、「一瞥」と音が近いので混同に注意。

【2】 **解答** B 近くに控えて助けること。

「輔弼（ほひつ）」は、権力者の近くにいて助けること。大日本帝国憲法では、唯一の主権者は天皇であり、内閣は天皇の輔弼機関とされていた。

【3】 **解答** C 集団における指導者となる人物のこと。

「領袖（りょうしゅう）」は、字の通り衣服の「襟（領とも書く）」と「袖」を表す。これらの箇所が衣服でもっとも目立つことから、転じて集団のトップを表すようになった。

24 複数の意味

▶ 問題は 172 ～ 173 ページ

1 【1】 **解答** D　友人の解答を丸ごとうつす。

問題文は「写す」で、内容をそのまま模写する、ということ。同じなのはD。A・Cは「映す」、Bは「移す」。

【2】 **解答** D　母の体調がよくなったそうだ。

「そうだ」には、伝聞（他人やメディアなどから見聞したこと）と推定（状況などから自分で考えたこと）の２つの意味がある。

問題文は伝聞で、同じなのはD。「……んだって」などと言い換えられる。「午後から雨が降るんだって」「母の体調がよくなったんだって」など。

推定は「だろう」と言い換えられる。「仕事ができるだろう」「やさしいだろう」「終わるだろう」など。

【3】 **解答** A　旅行で家をあける。

問題文は、あるモノを移動させてその場所にスペースをつくること。同じなのはA。B・Cはある期間や時間から移り変わること。Dは閉ざされている部分をひらくこと。

【4】 **解答** A　思ったほどひどい雨ではなかった。

問題文は、程度・度合いのこと。同じなのはA。Bは限度という意味。Cは情勢という意味。Dはある程度の広がりをもった時間、という意味。

【5】 **解答** D　二十歳過ぎればただの人。

問題文は、普通・とくに値打ちがないという意味。同じなのはD。A・Bは、無事・平穏という意味。Cは強調の副詞。

【6】 **解答** B　私より君のほうが適任だ。

問題文は比較の助詞。同じなのはB。

Aは副詞で、「もっと」の意味。Cは限定の助詞で、しばしば否定語を伴う。Dは「腕によりをかける」という慣用句で、自信のある腕前を存分に披露すること。ここでいう「より（撚り）」は、糸などをねじること。これにより丈夫になったり、複数の糸が１本になったりする意味。「別れたカップルがよりを戻す」も同じ。

【7】 **解答** B　あの人が犯人です。

問題文は主格の助詞。咲いている＝花、という関係が成り立つのがポイント。同じなのは犯人＝あの人のＢ。

Ａは逆説の接続助詞。

Ｃは所有の助詞で、「君（君主）の治世は…」という意味。

Ｄは対象の助詞。

【8】 **解答** B　うまい話にだまされるな。

「うまい」「うまく」は、「おいしい」のほかに、「いい感じ」の意味もある。これはさらに、自分だけがそう思っている場合（都合がいい、自分にとって好ましい）と、誰が見てもそうだと思える場合（上手だ）に分類できる。

問題文は前者。同様なのはＢで、「都合よい」と言い換えられる。

Ａは「おいしい」という意味。

Ｃは「上手だ」という意味。

Ｄは「仲良く」という意味で、「都合よく」の意味ではないので誤り。

【9】 **解答** D　彼女は半年あとに卒業する。

問題文は、現時点以降のことを表す。同じ意味なのはD。

Ａ・Ｂは連続するもののうち終わりのほう、次のほうという意味。

Ｃは名残、あとに残るものという意味。「あとしまつ（後始末）」「あとがない」などと同じ用例。

25 空所補充

▶ 問題は 176 ～ 177 ページ

1【1】 **解答** C

「不明」の意味は、「関係があったかもしれないし、なかったかもしれない」ということである。

一方で「無関係」というのは、「関係がなかった」ということ。

つまり、「関係があったかもしれないし、なかったかもしれない事案が、関係がなかったとして報道される」という問題点を示している。正解はC。

ちなみに、この話はかつて、実際にアメリカのある州の警察署で指摘されたことである。

2【1】 **解答** A 依拠する

自分が何者なのかは、相手にとって何者なのかということに外ならない、ということ。

つまり、相手が何者なのかが、自分が何者なのかを決定する要素である。

ということは、自分が何者かは、相手が何者なのかという前提に依拠している、といえる。依拠とはあるものに基づくことの意味。

26 文章整序

▶ 問題は 180 ～ 181 ページ

1 【1】 **解答** A　ア

冒頭で、「なぜ（中略）高められたのか」という問いかけがあるので、それに答えるのが以下の文脈の主眼になる。
エにその解答がある。「なぜ？」に対して「～からである」と答えている。したがってこれが最初に来る可能性は高い。
次に、２つの指示語について。**オ**「そこに」は、**ウ**「信仰を等しくしている者同士」が集っている場である。したがって、**ウ－オ**が繋がる。
そして、**ア**「そのとき」は、「信仰を等しくしている者同士」が集まる共同体の場に「信仰を等しくしない者」が現れたとき、としか考えられない。ということは、**イ－ア**の流れになる。
ここまでで、**ウ－オ**、**イ－ア**の流れができる。これを**エ**に繋がるようにと考えたら、**イ－ア**のほうが説明的なので、最初に来るべき。
正解順：**エ―イ―ア―ウ―オ**

2 【1】 **解答** D

まずＡとＣに注目。語尾が「ため」なので、これは何かの理由を表し、次に来るのは結論である。したがって、その組み合わせを探す。
Ａは、食物としてのジャガイモのメリット。したがって、これを受けるのはＢ。
Ｃは、ジャガイモの栽培についてのメリット。これを受けるのはＥ。「鳥や獣の餌食になることもない」→「常に一定量の収穫が期待できる」の流れ。
この２つの組み合わせは、Ａ―ＢがＣ―Ｅのあとに来るはず。
Ｄ・Ｆが余っているが、Ｆ「荒地でも簡単に栽培できる」はＣと同じくＥの「常に一定量の収穫が期待できる」ことの理由なので、Ｃと並べる。ＤはＥのあと。
正解順：Ｆ―Ｃ―Ｅ―Ｄ―Ａ―Ｂ

【2】 **解答** C

Ｂ・Ｅに注目。語尾が同格を表す「という」になっている。すなわち、この前の語と後ろの語がイコールで結べる関係になる。
そう考えると、Ｂ「…自動車に伝えるという」はＡ「非常に重要な役割」と繋がるはず。さらに、Ｅ「…ゴムのみという」とＣ「極めて単純な構造」が繋がる。
順序は、Ｂ―Ａが先。Ｄは最後に追加する。
正解順：Ｂ―Ａ―Ｅ ―Ｃ―Ｄ

27 長文読解

▶ 問題は 184 ～ 185 ページ

1 【1】 **解答** B

当時の日本では、知性人の多くが官吏（公務員）になったり技術・自然科学の分野に進んだりして、文学を目指そうという人はほとんどいなかった、という文脈。

文中前半でも、漱石は文壇の中では知性人である（＝知性人のいない文壇の中ではまだ知性的なほうだ）といえるが、日本の中で比肩する者がなかったとまではいえないはず、という記述がある。B が適切。

【2】 **解答** C　F

本文中に答えがある。「そういう場合（＝先進国の制度、法律、技術を一時に［＝いっぺんに］輸入した場合）には、一般に知性あるいは知識人の極端な不足が起こるので、すべての知識人は、一人であらゆることを行わねばならない」

これは C の記述そのものである。

また、本文の趣旨は、「漱石は教養が豊かであり、それが作品に反映されているから、漱石の作品は知性的である（もしくは、漱石は知性的な作家である）」という見方に反論することである。

著者いわく、「明治文学史における漱石の意味が、鷗外と同じ『知性人たるの本質』に係るものだとは、私には考えられない」。

漱石は知性人ではあったが、（鷗外のような）知性人としての作家ではなく、知性を備えた情念的な作家であった、ということを主張しているのである。

したがって、F も正しい。

1 右図をもとに考える。

4つ目の条件より、b＋d＝2(a＋f)である。また、営業部員80人が1：3なので、aとbは20人、60人のいずれか。

同様に開発部員40人についても、eとfは10人、30人のいずれか。

ということは、b＋d＝2（a＋f）を満たす組み合わせは、a＝20、b＝60、f＝30しかない。これだけ決まれば、あとはすべてわかる。

	営業研修	企画研修	開発研修	合計
営業部員	—	a	b	80
企画部員	c	—	d	60
開発部員	e	f	—	40
合計	c＋e	a＋f	b＋d	180

	営業研修	企画研修	開発研修	合計
営業部員	−	20	60	80
企画部員	20	−	40	60
開発部員	10	30	−	40
合計	30	50	100	180

【1】 **解答** E 30人

表の通り、30人。

【2】 **解答** F アとウ

アは正しい。企画部では営業研修20人、開発研修40人。

イは誤り。営業部員20人、開発部員30人なので、開発部員のほうが多い。

ウは正しい。企画部員20人、開発部員10人なので、企画部員のほうが多い。

2 4つ目の条件より、Zの時計は5分進んでいる。これを基準にする。

Wの到着はZの時計で9時1分なので、実際には8時56分。したがってWの時計は5分遅れ。

Yの到着時刻は、Wの時計で8時59分なので、実際には9時4分。よって、Yの時計は3分遅れ。

Xの到着時刻は、Yの時計で9時ちょうどなので、実際には9時3分。したがって、Xの時計は3分進み。

	到 着	時 計
W	8時56分	5分遅れ
X	9時03分	3分進み
Y	9時04分	3分遅れ
Z	8時52分	5分進み

【1】 **解答** C Y

【2】 **解答** C 11分後

Zの8時52分からXの9時3分までの11分。

【3】 **解答** B C

実際は9時4分で、Xの時計は3分進み。またWの到着は8時56分。

3 4つ目の条件より、鍵屋・銭湯・食堂が同じ側にあることがわかる。このとき、2番目の条件から、肉屋の位置を考える。
肉屋がaにあると仮定する。このとき、鍵屋・銭湯・食堂がb～dにあるとすると、1つ目の条件が満たせない。
また、これら3軒がe～gにあると、1つ目の条件よりd・hが魚屋・花屋となり、3つ目の条件を満たせる書店の場所がない。
したがって、肉屋はcに決まる。

鍵屋・銭湯・食堂はe～hの連続する3区画にあるが、どこかは決められない。したがって、場合分けで考える。

e～gにある場合は、銭湯と食堂はeとgであるが、どちらかは決められない。魚屋と花屋の位置関係はd・hとなるが、どちらかは決められない。また書店はaで決まり、残った酒屋はb。以上を①に示した。

f～hにある場合は、銭湯と食堂はfとhであるが、どちらかは決められない。魚屋と花屋の位置関係はa・eとなるが、どちらかは決められない。また書店はdで決まり、残った酒屋はb。以上を②に示した。

①

a 書店	b 酒屋	c 肉屋	d 魚／花
e 湯／食	f 鍵屋	g 湯／食	h 魚／花

②

a 魚／花	b 酒屋	c 肉屋	d 書店
e 魚／花	f 湯／食	g 鍵屋	h 湯／食

【1】 解答 C 食堂・鍵屋・銭湯・花屋
この並び順が、①のe～fに含まれる。

【2】 解答 A 酒屋はbにある。
つねにいえるのはAのみ。

【3】 解答 A 銭湯がeにあり、魚屋がdにある。
Aの可能性が①のときにありうる。

【4】 解答 A C
肉屋の向かいに鍵屋があるのは②の場合のみ。
A・Cはつねに誤り。B・Dはつねに正しい。Eはどちらともいえない。

4【1】 **解答** A　55点

合計点をすべて足し合わせて、人数で割る。

現代文は15人で平均54点なので、15 × 54 = 810点。

古文は7人で平均点は52点なので、7 × 52 = 364点。

漢文は18人で平均点は58点なので、18 × 58 = 1044点。

これらを足し合わせると、810 + 364 + 1044 = 2218点。

これを40人で割ると、2218 ÷ 40 = 55.45点。四捨五入して55点。

【2】 **解答** C　57点

考え方は前問と同じ。クラスPは15人で54点なので、15 × 54 = 810点。

クラスQは20人で60点なので、20 × 60 = 1200点。

クラスRは16人で55点なので、16 × 55 = 880点。

これらを足すと、810 + 1200 + 880 = 2890点。

受験者の合計は15 + 20 + 16 = 51人なので、2890 ÷ 51 = 56.666... 点。

四捨五入して57点。

【3】 **解答** E　66点

クラスQは40人で平均点が61点なので、合計点は40 × 61 = 2440点。

現代文は20人で平均点60点なので、合計点は20 × 60 = 1200点。

古文は10人で平均点58点なので、合計点は10 × 58 = 580点。

残りが漢文の合計点になるので、2440 －（1200 + 580）= 660点。

漢文は10人なので、平均点は660 ÷ 10 = 66点。

【4】 **解答** A　アもイも正しい。

アは正しい。

まず、クラスの平均点が57点のときに古文の受験者数がいくらかを考える。

古文の受験者数をxとすると、1クラス40人で現代文の受験者が16人なので、漢文は$40-(16+x)=24-x$と表せる。

クラスRの平均点が57点のとき、3科目の合計点は$57\times40=2280$点。

また、$(55\times16)+(55\times x)+\{60\times(24-x)\}=2280$。

これを解くと、$880+55x+(1440-60x)=2280$、$5x=40$、$x=8$である。

クラスRの平均点が57点になるのは、古文の受験者数が8人のとき。9人以上になると、平均点は下がる。

平均点が57点未満ということは、古文の受験者が9人以上であることは確実にいえる。

このとき、クラスQの古文受験者は10人なので、クラスRがもっとも多い場合は11人以上。

この場合、平均点が確実に57点以下であるといえる。

別解 条件より、クラスRの古文の受験者数は11人となるので、11人として計算してみる。このときクラスRの漢文の受験者数は13人。

したがって、クラスRの3科目の平均点は、

$(16\times55+11\times55+13\times60)\div40=56.6\cdots$

となり、57点未満というアの条件を満たす。クラスRの古文（平均55点）の受験者数が増えるほど、漢文（平均60点）の受験者数は減り、全体の平均点は下がっていくため、アはつねに成り立つ。

イは正しい。

クラスRの古文の受験者数が12人のとき、古文の3クラスの平均点は、

$(52\times7+58\times10+55\times12)\div(7+10+12)=55.31...$点。

【2】より、現代文の平均点は56.66点。

漢文の3クラスの平均点は、クラスRの漢文受験者数は12人になるので、

$(58\times18+66\times10+60\times12)\div(18+10+12)=60.6$点。

したがって12人のとき、古文の平均点がもっとも低い。

さらに、クラスRの古文の受験者数が増えれば増えるほど、古文の平均点は下がっていき、漢文の平均点は上がっていく。したがって、12人以上なら古文の平均点が漢文を逆転する可能性はない。

5 右のような図を描いて考える。

	K	L	M	N
春	2段	a		
夏	3段	5段	4段	a
秋	4段	6段	5段	

Kは春テストで2段、秋テストで4段。よって1つ目の情報より、夏テストでは3段。
また、Mは夏テストに4段のため、秋テストは5段か6段。ただし、4つ目の情報より、6段だとLの夏テストも6段となるため、秋テストで昇段できず、1つ目の条件に反する。
したがって、Mの秋テスト・Lの夏テストは5段、Lの秋テストは6段。

【1】 **解答** D 5段
表の通り。

【2】 **解答** A K D N
Kは確実。またaが3段の可能性もあるが、この場合はNが秋テストで4段となり、Kと並んで最下位の可能性もある。

【3】 **解答** B D E
Aは誤り。春テストで4段だと夏テストで5段以上になるため、Lの春テストと整合しない。
Bは正しい。6段になる可能性も、4段にとどまる可能性もある。
Cは誤り。Mの春テストは2・3段であり、Nの秋テストは4段以上。
Dは正しい。夏テストで3段、秋テストで6段の可能性がある。
Eは正しい。最高位(6段)のLに並んだ可能性はあるが、上回った可能性はない。

【4】 **解答** E アもイもどちらともいえない。
アはどちらともいえない。春テストで、Lを除く3人が2段で並んだ可能性はある。
イはどちらともいえない。夏テストでは間違いなく単独トップだが、春テストでは3段でMと並ぶ可能性があり、秋テストでは6段でNと並ぶ可能性がある。

6【1】 **解答** D　20通り

6つの学部の中から3つを選ぶので、$_6C_3 = 20$ 通り。

【2】 **解答** C　600通り。

XとYの受験学部に重複があってもかまわない。

Xが3学部、Yが2学部のとき、$_6C_3 \times {}_6C_2 = 20 \times 15 = 300$ 通り。

同様にYが3学部、Xが2学部のときもあるので、$300 \times 2 = 600$ 通り。

重複してもよいので、それぞれの組み合わせをかけて求める。

【3】 **解答** B　210通り

Xが3学部、Yが1学部のとき、$_6C_3 \times {}_3C_1 = 20 \times 3 = 60$ 通り。

Xが2学部、Yが2学部のとき、$_6C_2 \times {}_4C_2 = 15 \times 6 = 90$ 通り。

Xが1学部、Yが3学部のとき、$_6C_1 \times {}_5C_3 = 6 \times 10 = 60$ 通り。

したがって、$60 + 90 + 60 = 210$ 通り。

重複してはいけないので、それぞれの組み合わせを足して求める。

7 【1】 **解答** D　自分の行動規範を導く絶対的な教訓や信条。

「金科玉条（きんかぎょくじょう）」は、絶対的なよりどころとなる規則や教訓などのこと。「師匠の教えを金科玉条として今後も精進する」のように用いる。

「金」と「玉」は、価値の高いもののたとえ。「科」と「条」は、法律や規則の条文のことで、転じてものごとの教訓、信条などのこと。

現在では、「そんなことを金科玉条のごとく守ってどうするんだ」のように、どちらかというと負のイメージで使われることもある。

【2】 **解答** C　大金持ちの財産家。

「素封家（そほうか）」は、大金持ち、財産家のこと。

「素」は持たないこと、「封」は封土、領土のこと。字面から考えると領土を持たない人のことだが、そこから領土を持たなくても領土を持っている地主や大名と同じくらいの生活をしている人、財産家、という意味になった。

【3】 **解答** B　複数の条件を同時に満たせないこと。

「トレードオフ」は、複数の条件を同時に満たせないこと。

もともとは経済学者の論文の中で使われた言葉で、物価と失業率の関係について、失業率を低くするには物価を高くすべきだが、物価を抑えようとすると失業率が高まる、ということを表している。

つまり、失業率を低くすることと物価を抑えることは、トレードオフの関係にある。

8【1】 **解答** E　イとウ

「鉛直」は、1本の糸に鉛をつけて垂らしたときの方向、つまり重力の方向で、水平面に対して垂直。したがって、「垂直」と「鉛直」は同意語。

アの「普遍」は、いつでもどこでも通用する、例外なくすべてのものにあてはまる、という意味。同意語は「一般」、反意語は「特殊」。しばしば「不変」と混同されるが、意味の違いに注意。

イの「竣工」「落成」は同意語で、建築工事が終了すること。反意語は「着工」「起工」。ウの「書肆（しょし）」は書店のこと。したがってこれも同意語。

【2】 **解答** D　アとイ

マレーシアは東南アジアに含まれるので、包含関係。

「中央アジア」はいわゆるトルキスタン地域（カザフスタン・ウズベキスタンなどの西トルキスタンと、中国・新疆ウイグル自治区の東トルキスタン）のこと。

「南アジア」はインド、スリランカ、パキスタン、ネパール、バングラデシュなど。

「西アジア」はいわゆる中東地域で、アラブ首長国連邦、イラク、イスラエルなど。

【3】 **解答** F　アとウ

「トランペット」は「演奏」するためのもの。したがって役割関係。

「電話」は「通話」するためのもの。「自動車」は「輸送」するためのもの。

【4】 **解答** D　アとイ

「バター」の原料は「牛乳」。

「アルミニウム」の原料は「ボーキサイト（水酸化アルミニウムを含む鉱石）」。

「紙」の原料は「パルプ」。「日本酒」の原料はコメ。

【5】 **解答** E　イとウ

「一括」「分割」は反意語。

アの「希少」はたいへん少ないことで、反意語は「夥多（かた）」。「過多」は多すぎることで、反意語は「過少」。

イの「完全」「欠如」は反意語。

ウの「文民」は軍人でない人、という意味。「文民統制」などの用例がある。

【6】 **解答** A　アのみ

「触覚」も「聴覚」も知覚のひとつ、と考える。

アの「土星」も「地球」も惑星のひとつ。イの「有理数」と「無理数」は反意語関係。ウは包含関係で、明らかに誤り。

9【1】 **解答** B　自分と不可分の関係

直前部で「分かちがたく結びつく」の記述があるのでこれを参考にする。自分と他者、自分と社会とは分かちがたく結びつく。これはつまり、他者を殺すこと、社会規範にそむくことは、自分と別個の存在を敵に回すということではなく、自分と分かちがたく結びついている、いわば自分の一部を攻撃することに他ならない。

ということは、自分と他者、自分と社会とは、別個に対立しているのではなく、自分と「不可分の関係」であることがいえる。

正解はBである。

【2】 **解答** B　C型肝炎にかかると第二型糖尿病を誘発しやすい。

新マウスの特徴は、これがC型肝炎患者であることである。そして新マウスと正常マウスを比べると、「C型肝炎患者は正常より血糖値が高いままだった」ということがわかる。

インスリンは血糖値を下げる作用があるので、血糖値が高いままだったということは、インスリンがうまく作用しなかったということ。そして、インスリンがうまく作用しないということは、第二型糖尿病が発症するときの特徴でもある。

つまり、C型肝炎にかかると第二型糖尿病にかかりやすくなるということである。

正解はBとなる。

10【1】 **解答** D　日常化されたもの

「その本然の姿をよみがえらせる」の部分の解釈を考える。

まず主体は、現代を生きる私たち、と考える。そして、「その本然の姿」とは、「秘儀性を持つことばの本来の姿」のこと。つまり、ことばがかつてないほどD「日常化」した現代において、秘儀性を持つことばの本来の姿をよみがえらせる（には、一種の詩的冒険精神が必要）、という文脈。

Aは適当でない。あまりに漠然としすぎている。

B・C・Eは適当でない。「本来の姿」が「秘儀性や呪術性を持っているという、ことばの本来の姿」である以上、空欄にこの言葉を埋めるのは無理がある。

【2】 **解答** C

当時の文学はラテン語に独占されており、それがゆえに上流階級の者しか触れることを許されなかったわけである。しかしダンテはそのことに異議を唱え、下賎の言葉で文学を紡いだ。これはすなわち、「ラテン語 ＝ 文字術 ＝ 高等・神聖」であった当時の常識を覆すものであったのだ。よって正解はC。

Aは適当でない。ダンテは「意義を理解していない」わけではない。理解しており、そのうえで異議を唱えたのである。よって誤り。

Bは適当でない。ダンテが優劣的価値判断を行ったとは読み取れない。これは言いすぎであり、不適当。

D・Eは適当でない。そのようなことは、文脈からは一切読み取れない。

【3】 **解答** C　D　I　J

書きことば ＝ 特別なもの、話しことば ＝ 日常的なもの、という基準。C・D・I・Jが話しことばに関するもので、それ以外は書きことばに関するもの。

Dは少し迷いそうだが、最終段落で「それ（＝文法）が母語ではないからである」という記述があることからわかる。

【4】 **解答** D

すべて本文中の記述とは合致するが、正解はD。それ以外の記述は、Dの記述の根拠・例示・補強として述べられているもの。中心的論題はあくまでDである。この種の問題は、このような考え方が必要。Dを主張するためにそれ以外がある、という観点で読み返すと、解答に近づく。

【1】 **解答** B C

問題文の構造は、最初に2つの選択肢を示し、そのうち1つが選ばれる可能性がないことを指摘したうえで、もう1つの選択肢を断定的に主張するもの。
これを踏まえて、それぞれの記述を検討する。
Aは適当ではない。最初に2つの状況を示しているが、これら2つ（法律書を探すことと、哲学書を探すこと）は、同時に満たされる可能性がある。問題文と比べると、問題文が「aかb」であるのに対して、Aの記述は「aとb」という構造になっている。したがってこれは誤り。
Bは適当。最初に2つの選択肢（課長か主任）を示し、そのうち1つの可能性がない（課長は出張中なので議長になる可能性はない）ことを指摘して、もう1つの選択肢を断定的に主張している。
Cは適当。2つの選択肢（エアコン・石油ヒーター）、1つは排除（石油機器は禁止）、もう1つを断定的に主張（エアコン）という構造がぴったり一致する。
Dは適当ではない。問題文の構造に当てはめてもまったく一致しない。

基本構造	AもしくはB	Aではない	したがってBである
問題文	増配もしくは子会社株取得	増配ではない	子会社株取得である
選択肢B	課長もしくは主任	課長ではない	主任である
選択肢C	エアコンもしくは石油ヒーター	石油ヒーターではない	エアコンである

【2】 **解答** A C

Aは、ある要素を特定の割合で含むX（食塩を8%含む食塩水100g）とY（食塩を12%含む食塩水180g）があり、それぞれに割合を含んでいるとき、その最初に含んでいた要素の割合がどうなるか、を問う問題。
Bは、Aとは異なる。そもそも8%の食塩水とは、食塩水に含まれる食塩が8%であるのに対し、10%の利子とは、借り入れに対する利子が（借り入れとは別に）10%になるということ。この点がすでに異なる。
Cは、Aと同じ。ある要素X（200人で女性30%のP社）と要素Y（150人で女性40%のQ社）が一緒になったとき、最初に含む要素の割合を問うている。
Dは、A・B・Cと異なる。食塩水や会社の女性比率は、全体のうちの特定の要素が占める割合であり、この構造を持つものが2つ（2種類の食塩水・2つの会社）ある。一方でDの事例は、全体のうち特定の要素が占める割合が1つしかない（年収の内訳）ため、A・CともBとも異なる。